운을 읽는 변호사

1만 명 의뢰인의 삶을 분석한 결과

운을 읽는 변호사

니시나카 쓰토무 지음 | 최서희 옮김

알투스

이 책은 인생의 비밀 조각들을 보여 주고 있다.
나도 더 나이가 들었을 때 이런 책을 세상에 내놓고 싶다.

"조우성 변호사님, 이 책 '운을 읽는 변호사' 읽어 보셨나요? 전 읽으면서 계속 조 변호사님을 생각했습니다. 변호사님 책에서 하시는 말씀과 너무 똑같아서요."

몇 년 전, 페이스북을 통해 받은 메시지다. 그즈음 이와 유사한 메시지를 여러 번 받았다. 〈운을 읽는 변호사〉와의 첫 만남이었다. 나는 그 책 내용이 궁금해서 인터넷에서 후기들을 읽어 보았다. 그리고 이번에 개정판을 위한 추천사를 쓰기 위해 제대로 정독했다.

오 마이 갓!
책을 완독하고 내뱉은 첫 마디다.
어쩜 이렇게 나와 똑같은 생각을 하는 사람이 있단 말인가?

이 책의 저자인 니시나카 쓰토무님과 나는 둘 다 변호사다. 변호사가 갖는 직업적 특징 중 하나가 바로 '다른 사람의 인생을 아주 진하게 간접 경험할 수 있다'는 점이다. 하루에도 서너번씩 사건 회의를 하는데, 그 회의를 마치고 나면 이런 생각이 절로 든다. '어찌 인간의 삶이 저리도 기구한가. 정말 인생 곳곳에 복병처럼 숨어 있는 화(禍)와 재앙이 내게도 들이닥칠까 두렵다.'

'착한 일을 하고 겸손하게 살면 좋은 운이 들어와서 당신을 성공에 이르게 합니다.' 이것이야말로 〈운을 읽는 변호사〉의 핵심 메시지다.

이 메시지를 액면 그대로 보자면 황당한 소리, 미신처럼 들릴 수 있다. 더구나 요즘 같은 무한 경쟁 시대에 내 권리 주장 제대로 하지 않고 착하게만 살면 완전 '호구' 되는 거 아닌가? 하지만 그렇지 않다. 나는 이 책에서 니시나카 변호사가 예로 들고 있는 다양한 사례와 완벽하게 동일한 사례들을 내 경험 속에서 제시할 수 있다.

과연 사람에게 행복과 불운을 안겨다 주는 '운'이 실재하는 것일까? 내 생각에 '운'은 그 사람이 행하는 태도와 삶의 자세로 인해 다른 사람이 느끼는 감정의 총화總和다. 따라서 '운'은 로빈슨 크루소처럼 무인도에서 혼자 사는 사람이 아닌, 여러 사람과 부대끼며 살아가는 관계 속에서 발생하는 개념이다.

A라는 사람이 실패를 맛보았다. 하지만 A는 주위 사람들의 도움을 받아 재기할 수 있었다. 반면에 B는 잘 나가다가 한 번 삐끗했는데, 주위에서 아무도 도와주지 않아 몇 년째 나락의 길을 걷고 있다. 이때 우리는 A를 향해서는 '운이 좋다' 하고 B에 대해서는 '운이 나쁘다'고 말할 수 있다. 하지만 실제로는 평상시 A와 B의 행동과 처신이 주위 사람에게 어떻게 비쳤는가에 따라 그 결과가 달라진 경우가 많다. A가 주위 사람들의 도움을 받을 수 있었던 것도, B가 주위 사람들의 도움을 받을 수 없었던 것도 모두 주위 사람들이 A와 B를 어떻게 바라보고 평가하는가에 달린 일이었다.

나는 이를 '인심저축'이라 표현한다. 우리가 저축을 하는 이유는 나중에 어려운 일이 닥쳤을 때 평소 모아 두었던 돈이 힘이 될 수 있기 때문이다. 그런데 이런 돈 저축보다 중요한 것이 인심저축이다. 내가 주위 사람들을 어떻게 대하고 주위 사람들에게 어떻게 처신하는가는, 마치 마일리지가 적립되듯이 주위 사람들 마음에 차곡차곡 쌓인다. 인심저축을 많이 해 놓은 사람은 위기에 빠졌을 때 주위에서 발 벗고 나서서 도와준다. 직접적으로 도와주지 못하더라도 잘 되기를 기원하는 사람이 많다. 그러면 그 사람은 재기에 성공한다.

그렇다면 이런 인심을 저축할 수 있는 방법이 무엇일까? 이에 대해서 니시나카 변호사는 아주 명확한 답을 제시한다. '겸손하고, 효도하며, 자기 힘만큼 남을 돕고, 사람들에게 따뜻하게 대하라.' 너무나도 뻔한 교훈 같지만, 니시나카님 본인이 변호사로서 겪은 생생한 경험담을 스토리텔링으로 풀어내면서 설명해 주니 절로 고개가 끄덕여진다. 바로 여기에 이 책의 가치가 있다.

요즘 미국 프로야구MLB에서 투수와 타자를 겸하는 탈 인간급 스타플레이어인 오타니 쇼헤이. 난 몇 년 전 오타니가 MLB로 진출하면서 소개된 그의 만다라트를 보고는 무릎을 쳤었다. 그가 성공적인 야구선수가 되기 위해서 적어 놓은 만다라트 표에는 '제구', '스피드', '멘탈', '변화구' 등의 필수요소가 있었는데, 특히 내 시선을 끈 것은 '운'이라는 필수요소였다. 그리고 그 '운'을 구성하는 요소로 '인사하기', '쓰레기 줍기', '심판을 대하는 태도', '긍정적 사고' 등을 써 놓았었다. '하… 이 친구는 정말 대단하구나. 앞으로 승승장구하겠다'라고 생각했다.

어느 기사에 보면 운동장에서 쓰레기를 줍고 있는 오타니에게 기자가 왜 쓰레기를 줍는지 물어보니 오타니는 수줍게 웃으며 '이러면 제 운이 좋아져요'라고 대답했다고 한다. 인생의 비범한 진리를 깨닫고 생활에서 실천하는 그가 어찌 인생을 허투루 살겠는가.

이 책의 진정한 가치는 2장에 나오는 '도덕적 과실' 부분에 있다고 생각한다.

니시나카 변호사가 직업적으로 정당하게 최선을 다했지만, 상대방이 극단적 선택을 했고, 그 일이 니시나카 변호사에게 큰 충격을 주었다. 인생이란 이런 것이다. 내 의도와는 무관하게 다른 사람에게 피해를 줄 수 있다는 점에서 말 한마디, 행동 하나도 절대 가볍게 할 수 없다. 도덕적 과실 부분은 나 역시 고민하던 문제인데, 이 책에서 비슷한 고민을 발견하게 되어 반가웠고, 내 인생 후반에서

이 말은 중요한 의미가 있을 것 같다.

황혼 녘의 인생 대 선배가 후배들에게 '내가 살아 보니 이렇습디다'라며 담담히 써 내려가는 이 책의 내용들. 평이한 문체로 되어 있지만 그 내용은 실로 인생의 비밀 조각들을 보여 주고 있다. 나도 나이가 더 들었을 때 이런 책을 세상에 내놓고 싶다.

변호사 조우성

법률사무소 머스트노우 대표변호사
드라마 '이상한 변호사 우영우'의 에피소드 원작자
'한 개의 기쁨이 천 개의 슬픔을 이긴다'의 저자

스스로 자기 운을
좋게 만드는 방법에 대하여

저는 50년 가까이 변호사로 일하며 수많은 사람의 인생을 지켜보았습니다. 담당한 민사와 형사 사건을 전부 합치면 의뢰인의 수는 1만 명 이상 되겠지요. 형사 사건도 그렇지만, 민사 사건에서도 법률 상담이 필요한 경우는 대부분 인생의 중대사가 걸려 있습니다.

저는 평범한 사람이지만, 변호사라는 직업의 특성상 타인의 중대사에 많이 관여하기 때문에 인생 공부만큼은 남부럽지 않게 할 수 있었습니다. 그래서 가끔 곰곰이 생각하고는 합니다. '운運이라는 것은 정말 신기하구나' 하고 말이지요.

1만 명 이상의 인생을 지켜본 저는 알고 있습니다. 세상에는 확실히 운이 좋은 사람과 나쁜 사람이 있다는 것을요. 예를 들어 운이 나쁜 사람은 몇 번이나 똑같은 곤경에 빠집니다. 제 사무소에 오는 곤경에 처한 의뢰인들은 주로 재판을 통해 문제를 해결하기도 합니다. 그러나 그들은 나중에 같은 상황에 처해 다시 상담하러 옵니다. 그렇게 몇 번이나 비슷한 갈등을 반복하는 사람이 정말 많습니다. 지켜보면서 신기하다는 생각을 금치 못했지만, 역시 운이 나쁘다고밖에 할 말이 없습니다. 이런 경우가 있는가 하면, 반대의 경우도 있습니다.

특별한 문제가 있어서는 아니지만, 사업에 관한 법률 상담을 받으려고 사무소에 찾아오는 사람들 역시 여러 번 반복해서 사무소에 찾아옵니다. 그리고 올 때마다 회사의 규모가 커져 있습니다. 이런 경우는 운이 좋다고 할 수밖에 없습니다.

　1만 명이라는 방대한 수의 의뢰인을 지켜보면서 저는 운이 좋은 사람과 나쁜 사람을 간단히 구분할 수 있게 되었습니다. 물론 운은 신비롭고 저 같은 평범한 사람은 도저히 그 진정한 이치를 깨우칠 수 없지만, 수많은 인생을 지켜본 경험을 통해 몇 가지 교훈은 얻을 수 있었습니다.

　운이 좋아지면 행복한 인생과 가까워집니다. 저는 이 책을 통해 독자 여러분이 행복을 붙잡을 수 있도록 운의 신기한 부분이나 운이 좋고 나빴던 경험을 소개하고자 합니다. 더불어 이 책에서 소개하는 저의 경험은 자동차용품 판매업체 옐로우 햇Yellow Hat의 창업주인 가기야마 히데사부로鍵山秀三郎 씨에게 배

운 점을 많이 반영하고 있습니다. 항상 도움을 주시는 가기야
마 씨에게 다시 한 번 깊은 감사의 마음을 전합니다.

니시나카 쓰토무

/1장/아무리 출중해도 운 없이는 성공할 수 없다

/2장/운이 들어오게 하는 방법은 분명히 있다

/3장/ 저절로 운이 좋아지게 만들 수 있다

/ 6장 / 운이 좋아지는 삶은 더 큰 운을 만든다

1장

아무리 출중해도
운 없이는
성공할 수 없다

10년 동안 정성껏 병간호해도
칭찬받기 어려운 사람

운은 신비합니다. 제가 경험한 사례를 통해 그 신비함에 대해 이야기해보겠습니다. 훌륭한 일을 했지만 오히려 운이 달아난 경우가 있습니다. 의외라고 생각할지도 모르지만 사실입니다. 세상에는 아주 훌륭한 일을 했으나 보상받지 못하는 경우가 종종 있습니다. 변호사로 일하면 이런 사례는 흔하게 볼 수 있지요.

제가 상담했던 유산 상속 분쟁 중에도 이런 경우가 있었습니다. 어느 집에서 거동이 불편해져 자리보전하고 누운 시어머니를 장남의 아내가 10년 넘게 간호했다고 합니다. 시어머니는 너무나 고마워서 자신의 유산 대부분을 며느리에게 상속한다는 유언장을 작성했습니다. 그러나 자식들은 이 유언장 내용에 크게 반발했습니다. 이 사건을 처음 상담했을 때는 흔한 사연이라고 생각했습니다.

많은 재산을 앞에 두면 아무래도 욕심이 생기기 마련입니다. 고인故人의 친자는 재산 상속의 권리가 법으로 보장되기 때문에 그 외의 사람에게 유산이 돌아가는 것을 용납하지 못하는 경우가 많습니다. 저도 이 사건을 접했을 때, 친자식들이 자신들을 제쳐두고 혈연도 아닌 며느리에게 재산을 나눠주라는 유언에 동의할 수 없다는 이야기일 거라고만 생각했습니다. 그러나 관계자의 이야기를 들으면서 제가 잘못 생각하고 있었다는 사실을 깨달았습니다.

자식들 모두가 큰며느리에게 유산이 돌아가는 것을 싫어한 이유는, 욕심도 욕심이지만 며느리를 향한 악감정 때문이었습니다. "그 여자가 어머니를 잘 모신 건 인정해요. 하지만 항상 자기에게 감사하라며 생색을 낸 건 용서할 수 없어요." 친자식 중 한 명이 무심코 이렇게 말했습니다. 어머니를 돌봐드려야 한다는 마음은 자식들 모두에게 있었던 것입니다. 하지만 실제로는 그럴 수 없는 사정이 있었을지도 모릅니다. 그런데도 '너희 대신 내가 어머님을 돌봐드렸어. 그러니 나한테 당연히 감사해야 하는 거 아냐?'라는 태도를 보였다면 싫어할 만도 합니다.

실제로 주위 사람들은 큰며느리에 대해 이렇게 이야기했습니다. "기분 나쁜 여자야. 시어머니를 간호하기는 했지만, 분명 재산이 욕심나서 그런 게 틀림없어." 친자식들도 며느리에게 이런 악감정을 가지고 있었기 때문에 유산을 빼앗기는 것을 용납하지 못했습니다. 이것이 사건의 진상이었습니다.

몸을 가눌 수 없어서 누워만 있는 사람을 돌보는 일은 정말 힘듭니다. 그 일을 10년이나 계속한 점은 칭찬받아 마땅한 아주 훌륭한 일이고, 나름의 보상을 기대하는 것도 무리가 아닐지 모릅니다. 그렇더라도 '이 힘든 일을 내가 해주고 있는 거야'라는 식의 오만한 태도를 보이면 인간관계가 틀어지기 마련입니다. 그래서 며느리도 유산 상속을 반대당하는 처지에 놓인 것입니다.

아이러니하게도 힘든 일이나 훌륭한 일을 하면 오히려 불행해지는 경우가 있습니다. 오만의 덫에 빠지기 때문입니다. '나는 칭찬받아 마땅한 일을 했어. 정말 고생했단 말이야'라고 생각하면 오만해지기 쉽습니다. 오만한 사람은 미움을 받지요. 또 인간관계가 나빠져서 운이 달아나버립니다. 힘든 일이나 훌륭한 일에는 '오만의 덫'이 존재합니다. 그러니 모처럼의 노력과 고생이 불행으로 이어지지 않도록 주의하세요.

지역사회에 헌신해도
낙선한 시의원에겐
이유가 있다

앞서 이야기한 며느리의 사연도 그렇지만, 마음과 운은 밀접한 관계가 있습니다. 특히 중요한 한 가지는 운을 높이려면 '겸손함이 필요하다'는 점입니다. 타인을 위해서 좋은 일을 많이 하는데도 운이 나아지지 않고, 행복해지지 않는다는 의뢰인을 가끔 만날 때가 있습니다.

저의 지인 중에 지역사회를 위해 몹시 헌신하던 사람이 있었습니다. 그는 그 지역에서 상당한 영향력을 가지고 있었으며, 자치 회장이자 학부모회 회장이기도 했습니다. 물론 양쪽 다 아무런 보수도 받지 않는 직무로 지역 사람들을 위한 봉사활동에 가까웠습니다.

어느 해, 이 유력자가 시의회 의원에 입후보했습니다. 지방 도시이고 당선에 필요한 득표수는 2천 표에서 3천 표 정도였습니다. 지명도도 충분하고 오랫동안 헌신했으니 쉽게 당선될 거라 생각했습니다. 그러나 놀랍게도 정반대의 결과가 나왔습니다. 표가 전혀 모이지 않아서 큰 차이로 낙선하고 말았습니다. "왜 떨어졌는지 전혀 모르겠어요." 낙선한 당사자는 이렇게 이야기했지만, 저는 왠지 그 이유를 알 것 같았습니다.

그는 자신의 생각만큼 평판이 좋지 않았습니다. 의뢰받은 일 때문에 관계자를 만나면서 그 사실을 알게 되었습니다. 또 선거 이야기를 하는 그의 말투에서도 뭔가 마음에 걸리는 게 있었지요. 물론 그 사람의 이야기는 거짓이 아니었습니다. 지역을 위해서 열심히 일한 것도 사실이었어요. 그런데 왜 평판이 좋지 않을까요? 그 이유는 겸손하지 못했기 때문입니다.

자치 회장이건 학부모회 회장이건, '모두를 위해 내가 일해주고 있다'라는 생각이 말투나 태도에 그대로 드러났습니다. 어떤 일을 해도 거만함이 묻어나서 주변 사람들의 반감을 샀던 것입니다. 그런데도 본인은 다른 사람의 반감을 눈치채지 못하고 계속 거만을 떨었습니다. 거만하고 겸손하지 못하면 애써 좋은 일을 해도 모두에게 미움을 받습니다. 인간관계가 좋지 못하면 다툼도 일어나고 남의 신뢰나 협력도 얻을 수 없습니다. 이래서는 운이 좋아질 리가 없지요.

아무리 유능하고 영향력이 있어도 혼자 세상을 만들 수 없다는 사실은 누구나 알고 있습니다. 그런데도 오만해지는 것이 인간의 슬픈 특징 같습니다. '내가 해줄게'가 아니라 '제가 맡아서 하겠습니다'라는 겸손한 마음을 잊어서는 안 됩니다. 만약 남을 위해서 좋은 일을 하고 있어도 별로 운이 좋지 못하다고 생각한다면, 부디 겸손을 잊고 있는 건 아닌지 확인해보세요

같은 병실에 입원한 인연만으로
나쁜 운이 들어온 사업가

만남으로 인해 운이 크게 변하는 일이 자주 있습니다. 스포
츠클럽을 운영하는 사람이 상담을 받으러 온 적이 있는데, 이
사람의 경우 교통사고로 입원한 일이 사업을 시작한 계기였습
니다. 우연히 어느 스포츠클럽의 경영 고문과 같은 병실을 쓰
게 되었는데 그가 사업을 권유했다고 합니다. 하지만 스포츠클
럽은 운영이 잘 되지 않았고, 결국 많은 빚을 지고 도산하고 말
았습니다.

"만약 그때 그 사람과 같은 병실을 쓰지 않았다면 이렇게 되

지는 않았을 텐데요……." 의뢰인은 한탄하면서 말했습니다. 이는 만남이 운을 나쁜 쪽으로 바꾼 사례인데, 그와는 달리 우연히 알게 된 사람과 공동 사업을 해서 성공한 경우도 있습니다.

이처럼 좋든 나쁘든 만남은 운을 바꿀 수 있습니다. 그만큼 만남은 소중하고, 누구나 나쁜 운보다는 가능하면 좋은 운을 불러오는 만남을 원합니다. 하지만 어떻게 해야 좋은 운을 가져다주는 사람과 만날 수 있을까요?

인격을 갈고닦는 것이 그 지름길입니다. 훌륭한 인격을 갖추면 주위에도 역시 인품 좋은 사람이 모이게 됩니다. 인간성이 좋으면 인품 좋은 친구가 늘어나기 때문에 좋은 운을 부르게 된다는 이야기입니다. 좋은 인품을 갖추면 좋은 만남이 늘어나서 운도 좋아집니다. 이것은 진실입니다.

왜 좋은 사람, 나쁜 사람은
끼리끼리 모일까

'좋은 사람을 사귀는 것.' 이는 행운을 부르는 비결 중 하나입니다. 변호사로서 수많은 사람을 지켜보며 '좋은 사람 주변에는 좋은 사람뿐'이고 '나쁜 사람 주변에는 나쁜 사람뿐'이라는 신기한 사실을 알게 되었습니다.

재판의 의뢰인과 상대방도 그렇지만, 대부분 다툼 거리를 만드는 사람 중에는 타인을 위기에 빠트리거나 상처 입히면서 자신의 이득을 추구하는 '나쁜 사람'이 꼭 있습니다. 그런 사람의 관계자를 조사해보면 역시 비슷한 유형의 나쁜 사람이 잇따라

등장합니다.

반대로 항상 주변을 신경 쓰며, 당연하다는 듯이 타인을 돕는 '좋은 사람'도 변호사를 찾아옵니다. 예를 들자면 사업 관련 법률 상담으로 찾아오는 이들인데, 그들 주변에는 역시 비슷한 '좋은 사람'이 여럿 있습니다. 변호사 일을 시작하고 나서 저는 옛날부터 전해오는 '근묵자흑近墨者黑'이라는 사자성어가 사실이었음을 깨닫게 되었습니다.

좋은 사람을 사귀면 자연스레 주변에 좋은 사람이 잔뜩 늘어납니다. 좋은 사람들뿐이니 당연히 다툼이 적습니다. 게다가 곤란할 때는 주변에 도와주겠다는 사람들뿐이지요. 그러니 항상 기분 좋게 지낼 수 있을 뿐 아니라 일도 잘 풀립니다. 근심 없는 마음으로 일에 집중할 수 있고, 필요할 때는 필요한 원조를 받으니 쉽게 성공을 거둘 수밖에 없습니다.

즉, 좋은 사람과 어울리면 늘 행복한 인생을 살 수 있어요. 반대로 나쁜 사람과 어울리면 자연스럽게 주변에 나쁜 사람이 모이기 시작합니다. 그러면 항상 다툼이 끊이지 않고 곧잘 사기를 당하거나 상처를 입기도 합니다. 마음은 항상 경계심과 불안으로 가득하겠지요. 좋지 못한 기분으로 지내는 사이에 스트레스로 몸이 망가지고 결국 일도 제대로 할 수 없겠지요.

남을 속이거나 다치게 해서 한때 큰돈을 번다해도 언젠가는 역으로 사기를 당하거나 다쳐서 모든 걸 잃을 수 있습니다. 즉, 나쁜 사람과 어울리면 불행한 인생을 보내게 됩니다. 좋은 운을 부르고 싶다면 좋은 사람과 어울리세요. 변호사의 오랜 경험을 바탕으로 하는 조언입니다.

소매치기와의 인연이
소매치기만
모이게 한다

왜 같은 유형의 사람들은 끼리끼리 모이는 걸까요? '정말 그
럴까?' 하고 의구심을 품는 분들도 계실지 모릅니다. 하지만 사
실이에요. 저도 이런 신기한 체험을 한 적이 있습니다. 지금으
로부터 약 40년 전, 신출내기 변호사 시절의 일입니다. 일이 별
로 없어서 솔직히 경제적으로 조금 어려웠습니다. 당시에 묘한
인연으로 알게 된 부동산 중개 일을 하는 사람이 있었는데, 그
가 제게 일거리를 소개해주었습니다. 바로 소매치기의 변호였
습니다.

저는 변호사니까 상대방이 범죄의 가해자이건 불쌍한 피해자이건 똑같이 의뢰자의 대리인으로서 변호해야 합니다. 오히려 죄를 범한 사람에게는 반드시 변호하는 사람이 있어야 합니다. 공평한 재판을 해야 결과적으로는 사회 전체의 범죄를 줄일 수 있습니다. 이는 변호사의 역할이자 의무로, 저 역시 그렇게 생각하고 있습니다. 그래서 의뢰인이 소매치기라도 마다할 이유는 없었습니다.

당시에는 오히려 일이 많지 않던 시절이라 기쁘게 의뢰를 받아들였습니다. 착수금을 받고 변호를 해서 집행유예를 선고받는 데 성공해 보수도 받았습니다. 경제적으로 힘들었는데 겨우 한숨 돌릴 수 있었지요. 그러자 그 지인이 다음 일을 소개해주었는데, 어째서인지 또 소매치기의 변호였습니다. 그 후에도 계속해서 일을 소개해주었지만, 전부 소매치기의 변호뿐이었습니다. 정말 이상하다고 생각했어요. 알고 보니 그 사람의 정체는 부동산 중개인을 사칭한 소매치기 우두머리였습니다.

앞에서도 언급했듯이 의뢰는 의뢰고, 소매치기에게도 변호인은 필요합니다. 소매치기의 변호만 소개받았다 해도 변호사로서는 아무런 불이익이 없습니다. 다만 이전까지는 제 주변 사람 중에 소매치기는 단 한 명도 없었는데, 어느새 주위에 소매치기가 가득해졌으니 이 엄청난 변화에 제 자신도 놀라고 말았습니다.

심지어 점점 더 소매치기가 늘어나고 있었어요. 그도 그럴 것이, 그 당시에 이미 10건 이상의 소매치기 사건을 변호하고 있었기에 어느새 제게는 '소매치기 전문 변호사'라는 평판이 생겼던 것입니다. 그 때문에 자칭 부동산 중개인이지만 실은 소매치기 두목이었던 그 남자가 아닌 전혀 모르는 사람들로부터 소매치기 사건의 변호 의뢰가 들어오게 되었습니다. 우연히 소매치기 사건을 맡고 그들을 알게 된 후로 소매치기 지인이 갑자기 늘어났던 것입니다.

소매치기를 알게 되었다고 해서 제가 소매치기가 되는 것도 아니고, 그런 범죄자와 같은 마음을 먹는 것도 아닙니다. 어디까지나 변호사라는 직업적인 범위 안에서 알고 지내는 것입니다. 그러니 만약 이대로 '소매치기 전문 변호사'가 된다 해도 제가 불행한 인생을 보내리라고는 생각하지 않았습니다. 다만 당시의 저는 젊었고, 무엇보다 소매치기라는 특정 사건의 전문가가 되고 싶은 생각은 없었습니다. 더 다양한 사건을 맡아서 공부하고 싶다는 마음이 강했기에 그 후로는 소매치기 사건 의뢰는 거절했습니다.

이후 소매치기 사건은 한 건도 맡지 않았지만, 그대로 계속했다면 지금쯤은 아마 일본에서 가장 소매치기 사건에 정통한 변호사가 되었을지도 모릅니다. 만약 그랬다면 그 계기가 단 한 남자를 알게 된 일 때문일 텐데, 그런 생각을 하면 사람을 사귄다는 것은 참으로 신기한 일입니다.

끼리끼리 모인다. 이 말은 사실입니다. 부디 자신을 행복으로 이끌어줄 수 있는 사람과 만나야 한다는 가르침을 항상 유념하시기 바랍니다.

교활한 방법으로
성공한 사람을
한눈에 알아보는 방법

선행하면 운이 좋아진다. 우리는 이 말을 옛날부터 자주 들었습니다. '남에게 베풀면 그 공은 반드시 나에게 돌아온다'라는 속담이 바로 그 의미이지요. 그런데 요즘 젊은이들은 '남에게 인정을 베풀면 그가 나에게 의지하려고만 하니 좋지 않다'라는 식으로 이 속담의 의미를 오해하고 있는 듯합니다. 하지만 아시다시피 원래의 의미는 전혀 다릅니다.

인정을 베푸는 것은 남을 위해서가 아니라 나를 위해서입니다. 왜냐하면, 타인에게 인정을 베풀면 그 일은 돌고 돌아서 나를 위한 일이 되기 때문입니다. 이 속담의 진짜 뜻은 '자신을 위하는 일이니 계속 타인에게 친절을 베푸세요'입니다. 즉, 남에게 도움이 되는 일을 하면 운이 좋아진다는 의미지요. 제 경험으로 미루어 보아도 이는 맞는 말입니다.

하지만 '현실은 그것과 다른 게 아닐까' 하고 의문을 가지는 사람도 있을지 모릅니다. 현대 사회에서는 남에게 도움을 주기는커녕, 나쁜 일만을 일삼는 사람이 부자가 되거나 출세하는 것처럼 보이기 때문입니다. 확실히 교활하게 처신하여 성공하는 사람은 많습니다. 게다가 그런 사람은 호화롭게 사치를 부리기 때문에 눈에 띄지요. 그래서 세상의 성공한 사람들은 다 그런 사람뿐이라고 생각할지도 모릅니다. 하지만 평범한 사람은 그들이 성공했다는 이야기만 듣고, 그 후에는 어떻게 되었는지 모르기 때문에 다소 착각하고 있는 부분도 있습니다.

변호사는 일이 잘 풀리지 않는 수많은 사람을 만납니다. 보통 법률상의 분쟁이 일어나면 변호사를 찾는데, 다툼은 잘 해결되는 경우보다 그렇지 못한 경우가 더 많습니다. 그래서 대부분의 사람들은 누군가의 성공 이야기밖에 듣지 못하지만, 변호사는 실패한 사람들의 이야기를 더 많이 접할 수밖에 없습니다. 특히 교활한 방법으로 성공한 사람의 그 후 이야기를 잘 알고 있습니다.

교활하게 처신하다가 성공한 사람들은 어떻게 되었을까요? 결론을 말씀드리겠습니다. 악행으로 얻은 성공은 오래가지 못하고 곧 불행해집니다. 사업에 실패하여 변호사에게 상담하러 오는 사람들 대부분은 얼마 전까지만 해도 성공한 사람이었습니다. 하지만 잔머리를 굴려 돈을 잔뜩 벌거나 출세를 했어도, 그 성공은 오래가지 못하고 얼마 지나지 않아 실패하여 궁지에 몰리는 경우가 정말 많습니다.

변호사는 이러한 사실을 잘 알고 있습니다. '하늘의 법망은 크고 넓어서 빠져나갈 수 있을 것 같지만 악인은 빠짐없이 걸러낸다'라는 속담이 있습니다. 이 말은 악행을 하면 반드시 사람의 지혜가 미치지 못하는 곳에 있는 신이 지켜보다가 벌을 내린다는 교훈을 주는 말입니다.

악행으로 얻은 성공은 한순간입니다. 진짜 행운은 한순간이 아니라 오랫동안 지켜보아야 알 수 있습니다. 악행으로 성공한 사람의 말로를 아는 변호사의 조언이니 부디 믿어주시기 바랍니다.

큰 탈 없이 지나가는 것도
운 덕분임을 알아야 한다

　살다보면 '운이라는 게 정말 존재하는구나' 하고 마음 깊이 느끼는 일이 가끔 있습니다. 벌써 20년도 더 된 일입니다. 어느 날 일찍 퇴근해서 집에 돌아와보니 초등학생이던 둘째 아들이 자고 있었습니다. 머리에 붕대가 감겨 있는 것을 보고 깜짝 놀라 아내에게 자초지종을 물었습니다.

　그 날 낮, 집에서 둘째가 친구와 골프채를 꺼내 휘두르며 놀고 있었던 듯합니다. 그때, 친구가 휘두른 골프채의 끝이 둘째의 눈에 맞아서 큰 소동이 일어났고 서둘러 병원에 달려갔다고 합니다.

"다행히 눈꺼풀이 다친 정도예요. 거리가 조금만 더 가까웠 거나 같이 놀던 아이가 조금만 더 골프채를 길게 잡았다면 실 명했을 겁니다. 그보다 더 가까웠으면 두개골이 골절됐을 수도 있고요. 그랬으면 생명이 위험했을지도 몰라요." 의사의 말을 듣고 아내는 오싹했다고 합니다.

겨우 몇 센티미터 차이로 아들이 실명이나 사망을 피했다는 그 이야기를 듣고서 저도 식은땀을 흘렸던 기억이 납니다. '정 말 운이 좋았어, 하늘이 도왔구나'라고 생각했습니다. 분명 그 일 외에도 운의 도움을 받은 적이 있었을 겁니다. 다만 도움받 은 것을 눈치채지 못했을 뿐입니다.

변호사로 오랫동안 일하면서 운 때문에 인생이 좌지우지되 는 사건을 많이 봤다고 생각했습니다. 그런데 제 가족이 간발 의 차이로 치명적인 위험을 피할 수 있었다고 생각하니 강력하 게 운의 존재를 느끼지 않을 수 없었습니다. 지금 건강한 것은 운 덕분입니다. 평소에는 눈치채기 어렵겠지만, 운의 신비함 중 하나이니 꼭 기억해두었으면 합니다.

화난 얼굴 온화한 얼굴,
들어가는 문이 다르다

운은 얼굴에 나타납니다. 신기하다고 생각할지도 모르지만 사실입니다. 저는 변호사이지 점술가가 아닙니다. 하지만 직업을 통해 수많은 의뢰인의 인생에 관여하는 사이에 운이 좋은 사람과 나쁜 사람이 정말 존재한다는 것을 경험을 통해 알게 되었습니다.

운은 과학적인 근거가 없고 법률과도 관계가 없지만, 타인의 삶을 많이 지켜보는 사이에 저절로 알게 된 사실이 있습니다. "아, 운 좋은 사람은 이런 사람들이구나!" 혹은 "아, 이러니까 운이 자꾸 달아나는구나" 하는 식으로 말입니다.

이런 제 경험으로 '얼굴을 보면 운이 좋고 나쁨을 대체로 알 수 있다'라는 결론을 얻게 되었습니다. 점술가들이 말하는 '복스러운 얼굴'이란 정말 있는 것 같습니다. 운이 좋고 나쁨을 점치는 것은 점술가의 영역인데 변호사가 어찌 그것까지 알 수 있냐고 반문하는 분도 있을 것입니다. 하지만 타인의 중대사에 깊이 관여하다보면 점술가나 알 법한 일도 조금은 알게 됩니다.

이를 발견한 것은 제가 지금의 법률사무소 소속이 아니라 개인 사무소를 운영하던 시절이었습니다. 당시 제 사무소는 오사카 재판소 옆 빌딩에 있었습니다. 그 빌딩은 변호사들의 사무소가 대부분인 법조빌딩 같은 곳이었습니다. 저는 업무 중간에 창밖을 내다보곤 했습니다. 거리를 걷는 사람들 중에 몇몇이 빌딩 입구 속으로 사라졌습니다.

그런 모습을 바라보던 어느 날, 정신을 차려보니 제가 이런 생각을 하고 있었습니다. '오, 또 한 명 걸어오네. 저 사람은 아니야. 이쪽으로 들어오지 않을 거야. 그것 봐, 역시 그냥 지나가 잖아. 그 뒤는…… 저 여자는 들어올 것 같아. 역시 이 빌딩의 손님이군.'

이런 식으로 지나가는 사람이 이 빌딩으로 들어오는지 아닌지 맞춰보고 있었습니다. 휴식 중에 머리를 식히려고 시작한 일이라 맞았는지 틀렸는지는 상관없었지만, 신기하게도 대부분 맞췄습니다. 잠시 후에는 백발백중이 되었습니다. '이거 재미있네. 이번에는 옆 빌딩으로 들어가는 사람을 맞춰볼까?' 옆 빌딩도 처음에는 제대로 맞추지 못했지만 계속하다 보니 어느새 적중률이 높아졌습니다. 역시 백발백중이었습니다.

어쩐지 오싹해졌습니다. 제가 일하는 빌딩의 손님을 맞추는 것은 이해할 수 있습니다. 평소 상담하러 오는 의뢰인들을 통해 비슷한 인상착의나 분위기를 파악하고 있기 때문이지요. 그런데 옆 빌딩에 관해서는 왜 들어맞는지 알 수가 없었습니다. 생판 남인 것은 물론이고, 어떤 용무로 오는지조차 모르는데 어떻게 맞출 수 있는지 제 자신도 신기했습니다. '혹시 초능력이라도 생긴 건가?' 싶기도 했지만 그럴 리는 없겠지요. 분명 무언가 이유가 있을 거라 생각하면서 한 번 더 지나가는 사람들을 바라봤습니다. 그러자 어떤 사실을 알게 되었습니다. 제 사무소가 있는 건물의 손님과 옆 건물 손님은 명백하게 표정이 달랐습니다.

제가 일하는 건물의 손님은 대부분 어두운 얼굴을 한 사람이 많았고 험악한 표정으로 눈을 치켜뜨고 있었습니다. 저는 수긍했습니다. 제가 일하는 건물의 손님은 이혼 소송이나 해고 부당 소송 등 재판을 통해 싸우려는 사람들이라, 자연히 그런 굳은 표정을 짓게 되었을 것입니다. 직업상 그런 사람의 마음을 잘 알기에 어두운 얼굴을 하는 것도 무리가 아니라고 생각했습니다.

그에 비해 옆 빌딩의 손님은 하나같이 온화한, 뭐라 말할 수 없는 따뜻한 표정을 지었습니다. 어떤 사람들이 그 건물로 들어가는지 궁금해서 옆 건물의 간판을 찬찬히 살펴보니, 그곳은 어느 봉사활동 단체의 건물이었습니다. 역시나 남을 위해 일하려는 사람들은 마음에 여유가 있고, 그래서 온화한 표정을 짓고 있었는지도 모릅니다.

　제가 두 건물의 손님을 맞출 수 있었던 것은 표정의 차이를 구분했기 때문입니다. 이 발견을 한 날부터 저는 남의 표정을 주의 깊게 살피게 되었는데, 온화한 표정을 한 사람은 역시 운이 좋은 인생을 살고 있었습니다. 운이 좋고 나쁨은 얼굴에 나타납니다. 저는 점술가가 아닌 변호사지만, 이 점이 사실이라는 것은 잘 알고 있습니다.

계획은 사람이 세우지만,
결과는 운이 결정한다

오랫동안 변호사 일을 하며 수많은 사람의 성공과 실패를 지켜보면서 가끔 생각하는 것이 있습니다. '성공에는 역시 운이 필요하다'는 것이지요. 이는 현대사회뿐 아니라 동서고금을 막론한 진실 같습니다.

최근에 역사를 좋아하는 젊은이가 늘어나고 있습니다. 듣기로는 역사를 소재로 한 게임이나 만화가 큰 인기를 끌고 있다고 합니다. 특히 『삼국지』는 젊은이들에게도 잘 알려져 있습니다.

『삼국지』에 이런 말이 나옵니다. '일을 꾸미는 것은 사람이지만 謀事在人, 그것이 이루어지느냐는 하늘에 달려 있다 成事在天.' 중국 삼국시대에 활약했던 제갈공명의 말입니다. 그는 적장을 물리치는 책략을 세워서 성공을 눈앞에 두었지만, 폭우가 내리기 시작해 실패하고 맙니다. 그때 제갈공명이 한탄하며 외친 말입니다. 이는 '계획은 사람이 세울 수 있으나 성공은 하늘의 뜻이다'라는 의미입니다.

『삼국지』는 중국의 역사적 사실을 토대로 하고는 있지만, 후세 사람들이 상당히 각색했기 때문에 책의 내용이 전부 사실이라고 단정 지을 수는 없습니다. 하지만 제갈공명의 말은 사실이라고 생각합니다. 저도 제갈공명과 같은 생각을 한 적이 있습니다.

얼마 전, 저는 어떤 정치인을 지지하고 있었습니다. 좋은 사회를 만들려면 정치가 개선되어야 한다고 생각했기 때문이지요. 사리사욕으로 움직이는 세상을 조금이라도 바꾸고 싶었습니다. 그러기 위해서는 정치를 통해 위에서부터 변화시키는 것이 가장 빠르다고 생각했어요. 그래서 '이 사람이라면!' 하고 기대한 정치가의 후원 회장직을 받아들였습니다.

그는 저와 같은 중학교 출신이고, 하버드대학교를 졸업한 수재이니 내심 기대하고 있었지요. 저는 물질적, 금전적, 노력 면에서 가능한 모든 지원을 아끼지 않았습니다. 그는 애쓴 보람이 있게 국회의원이 되었습니다. 그 후, 주요 관청의 부대신副大臣이 되어 내각의 각료가 되는 것이 확실해졌습니다. '드디어 정치가로서 일본 사회에 조금은 영향력을 갖게 되었군. 분명 사회에 도움을 주는 사람이 될 거야' 하고 기뻐하려는 찰나, 이정치가는 암으로 급사했습니다. 저의 오랜 계획도 물거품이 되었지요.

이런 경험을 통해 운이 없으면 결코 성공할 수 없다고 확신하게 되었습니다. 돌이켜보면, 고작 한 사람의 인간에 지나지 않는 제가 정치를 통해 세상을 바꾸겠다는 계획을 세웠다는 것 자체가 무리였다는 생각이 들었습니다. 혹은, 당시 저의 자만심이 그러한 불운을 불러왔을지도 모릅니다.

사람의 운명은 어느 누구도 결정할 수 없습니다. 우리가 기껏 해야 할 수 있는 것은 운을 정해주는 신비로운 존재가 인정해 줄 것 같은 삶을 사는 것뿐입니다.

내 안에 운을 좌우하는
일곱 가지 마음이 있다

지금까지는 주로 운의 신비함에 관해 이야기했습니다. 저는 이 외에도 운에 관한 여러 가지 사실을 경험을 통해 배워왔습니다. 이러한 제 경험에 미루어 운의 신비함에 대해 정리해보면, 몇 가지의 공통 요소가 있다는 사실을 알 수 있습니다. 바로 감사感謝, 보은報恩, 이타利他, 자비慈悲, 겸손謙虛, 인덕人德, 천명天命입니다.

운에 대해서 제가 경험한 것들을 좀더 알기 쉽게 설명해보겠습니다. 천명이란 '운' 그 자체로, 이를 깨우치면 겸손으로 이어집니다. '은혜'를 느끼기 때문에 보은과 감사가 있으며, 이를 아는 것만으로도 자연스럽게 겸손해집니다. 또 자신의 '죄의 깊이'를 알면 감사와 보은 그리고 겸손한 마음이 생깁니다. 이치와 자비는 '인덕'으로 이어지고요. 게다가 인덕은 '선행'과 '언행'에서도 드러나지요.

즉, 제 경험은 '운, 죄, 은혜, 덕, 말, 선' 이렇게 여섯 가지로 정리할 수 있습니다. 지금까지는 '운'의 신비함에 관해 이야기했다면 다음 장부터는 죄, 은혜, 덕, 말, 선에 대해 이야기해보겠습니다.

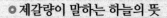

◉ 제갈량이 말하는 하늘의 뜻

모사재인謀事在人 성사재천成事在天 불가강야不可强也.

'일을 꾸미는 것은 사람이지만, 일을 이루게 하는 것은 하늘이다' 라는 뜻이다.

제갈량은 북벌을 단행할 때 호로곡에서 사마의를 상대로 화공을 펼쳐 그를 궁지로 몰아넣었다. 그러나 비가 내려서 작전은 실패하고 사마의를 살려보내고 말았다. 이 때 제갈량은 "소나기로 인해서 실패하였으니 일이 이루어지고 이루어지지 않는 것은 하늘의 뜻에 달렸구나" 하며 탄식했다. 이는 '운은 하늘에 달려 있다'는 뜻이다. 하지만 그 하늘의 뜻을 움직이는 것은 결국 사람이다. 하루하루 운을 좋게 하는 행동을 쌓아나가고 덕을 베풀면 좋은 운을 불러올 수 있을 것이다.

◉ 운은 근묵자흑을 만든다

근묵자흑近墨者黑

'검은 먹을 가까이 하면 검어진다'는 뜻으로, 나쁜 사람과 가까이 하면 나쁜 버릇에 물들게 됨을 이르는 말이다. 운도 마찬가지로 착한 사람이 착한 마음으로 착한 사람들과 함께 할 때 상승하게 된다.

2장

운이
들어오게 하는
방법은
분명히 있다

도덕적 과실을 깨닫는 데서
운이 시작된다

변호사로 일하면서 1만 명이 넘는 사람들의 인생을 통해 절실히 깨달은 것은 '다퉈서 좋은 일은 아무것도 없다'는 것입니다. 왜냐하면 다툼은 운을 나쁘게 만들기 때문입니다. 예를 들어 소송에서 이겨서 큰돈을 손에 넣었다고 해도, 운이 나빠지면 아무 일도 되지 않습니다. 실제로 분쟁으로 손에 넣은 돈은 곧 잃게 됩니다. 변호사인 저는 그런 몰락을 지겹도록 봐왔습니다.

다툼은 없는 편이 좋습니다. 이것이 제가 경험을 통해 얻은 철칙입니다. 다만 예전에는 조금 잘못 생각하고 있었습니다. 사람이 법을 지키면 분쟁은 사라질 것이라고요. 그러나 이것은 착각이었습니다. '법만 지키면 무슨 짓을 해도 돼'라는 생각 자체가 분쟁의 원인이기 때문입니다. 이후 저는 '법률상의 죄'가 아니라 '도덕적 과실'이라는 관점에서 매사를 생각하게 되었습니다.

법률상의 죄는 육법전서에 기록된 규칙을 어기는 것을 말합니다. 예를 들어 살인이나 절도 같은 것인데, 이런 죄는 보통사람이라면 좀처럼 저지르지 않습니다. 이에 비해 도덕적인 과실이란, 법은 어기지 않았으나 남에게 손해를 끼치는 데 따르는 죄입니다. 자기만 괜찮으면 된다고 생각하고 이기적인 행동으로 돈을 벌려고 하거나, 사회적인 지위 혹은 명예를 얻기 위해 남에게 피해를 주는 일을 말합니다. 도덕적 과실은 무의식적으로 저지르는 경우도 많습니다.

제게도 그런 경험이 있습니다. 예를 들어 입시나 취업 등에서 여러 군데에 지원해서 합격하는 경우입니다. 자신에게 필요한 합격은 단 하나일 텐데, 괜히 여러 군데에 지원해 합격하는 것은 이기심입니다. 다른 사람의 가능성을 막아버리기 때문입니다. 이렇게 무의식적으로 저지르는 도덕적 과실을 눈치챈 것은 도덕과학을 배우고 나서부터였습니다. 도덕과학Moralogy이란, 법학자인 히로이케 치쿠로廣池千九郎 선생이 창안한 학문으로 도덕을 과학적으로 연구하는 것입니다.

도덕과학에서 인간은 살아 있는 한 도덕적 과실을 저지른다고 말합니다. 매일 먹는 음식도 고기나 생선, 채소의 생명을 빼앗아 먹고 있는 것입니다. 통근이나 통학할 때도 그렇습니다. 매일 이용하는 철도나 도로도 이를 건설할 때 사고로 생명을 잃은 사람이 있겠지요. 그런 사람들의 희생이 없었다면 회사나 학교에 다닐 수도 없었을 것입니다.

또 우리는 태양이나 자연이 주는 은혜를 이용해 살고 있습니다. 이처럼 생활 전반에서 누군가의 '덕분'으로 살아간다고 해도 과언이 아닙니다. 도덕과학에서는 이것을 '도덕적 부채'라고 부릅니다. 그런데 이 도덕적 부채를 그냥 내버려두면 운이 달아납니다. 그러나 도덕적 과실을 인지하고 감사하는 마음을 가지면 운이 달아나는 것을 막을 수 있습니다.

다툼은 도덕적 부채를 알아차리지 못하기 때문에 생겨나는 것입니다. 자신의 생명이 막대한 희생 덕분에 성립하고 있다는 사실을 알게 된다면, 누군가 내게 소소한 피해를 줬다고 해서 '너도 당해봐라!' 하는 식으로 싸우려는 마음이 들지 않을 것입니다.

싸우지 않는 것, 도덕적 과실을 깨닫는 것, 은혜에 감사하는 것, 도덕적 부채를 갚는 것. 이를 실행한다면 불운이 사라지고 행운으로 바뀔 것입니다. 그렇지 않으면 불운이 차례로 닥쳐올 것입니다. 이제부터 제가 경험한 일 중에서 이를 증명해줄 사례를 소개하겠습니다.

다툼을 막는 것이
운을 지키는 비결이다

　변호사인 제가 '다투지 않는 편이 좋다'라고 말하는 것은 다소 의외일지도 모릅니다. 이혼이든 부도 처리든 유산 상속이든 간에 다툼이 일어나 재판을 하게 되면 변호사는 더욱 큰 보수를 받을 수 있으니까요. 그렇지 않을 경우 받을 수 있는 건 겨우 상담료 정도로 그다지 큰 이득이 되지 않습니다. 그래서 변호사는 의뢰자가 싸우도록 부추긴다고 생각하기 쉽지만, 그건 사실과는 다릅니다. 왜냐하면 변호사들도 다툼은 피하는 편이 좋다고 배우기 때문입니다.

　판사, 검사, 변호사가 되려면 사법시험에 합격해야 합니다. 그리고 시험에 합격하면 반드시 사법연수원이라는 곳에서 법률가로서 필요한 실무 공부를 하게 되어 있습니다. 그리고 이 사법연수원의 교관으로부터 분쟁 처리의 우선순위는 아래와 같다고 배웁니다. 첫째, 대화로 해결하자. 둘째, 재판을 해도 화해로 해결하자. 즉, 가장 좋은 방법은 재판을 피하는 것이라고 배웁니다. 저는 종종 '재판은 의뢰자에게 있어서 가장 불리한 결말'이라고 말하곤 합니다. 재판이 불리한 결말인 까닭은 이기든 지든 원한이 남기 때문입니다.

"원한을 사지 마라. 원망을 들으면 저승에서도 너를 끌어내리려고 호시탐탐 노릴 거야." 옛날에 부모님으로부터 배운 소중한 가르침입니다. 신기하게도 재판에서 이긴 후에 불행해지는 사람이 드물지 않습니다. 승소한 후에 회사가 도산하거나, 부도어음을 받거나, 경영자가 교통사고를 당하는 등의 예를 수없이 보아 왔습니다. 분명 원한을 샀기 때문에 운이 달아난 것이겠지요. 다툼은 원한을 남기고 운을 달아나게 합니다. 부디 이 사실을 잊지 마세요.

부부끼리 감사해하면
그 집은 잘되기 마련이다

다툼은 불운을 부르지만, 다툼을 피하면 행운이 찾아옵니다. 다툼을 피하고 행운을 얻은 사례를 소개하겠습니다. 어느해의 더운 여름날, 저는 어떤 여성의 이혼 상담 요청을 받았습니다. 이 여성의 남편은 토목공사 회사에서 일하고 있었는데, 술을 좋아하고 귀가가 항상 늦어서 부부 사이가 좋지 않았습니다. 상담자인 부인은 남편에 대한 불만으로 남편의 식사를 챙기는 일조차 하지 않았다고 합니다.

저는 "이혼은 그다지 좋은 일이 아닙니다. 다시 생각해보는 건 어떠세요?"라고 설득했습니다. 하지만 부인은 더 이상 참을 수 없다며 이혼하겠다는 의지를 꺾지 않았습니다. 부인은 상담하는 내내 남편에 대한 불만만 이야기했습니다.

그런데 한 달이 지나고 다음 약속 날, 사무소에 온 의뢰인의 마음이 180도 달라져 있었습니다. "이혼은 하지 않을 거예요." 부인은 태연하게 말했습니다. 깜짝 놀란 제게 부인은 그 이유를 설명해주었습니다.

어느 날 전철을 타고 가던 부인은 우연히 창문 밖으로 일하는 남편의 모습을 발견했습니다. 뜨거운 오후, 남편은 작업복을 입고 도로를 파내는 작업을 하고 있었습니다. 두툼한 작업복은 땀에 흠뻑 젖어 있었습니다. 그 모습을 본 부인은 '아, 남편이 매일 저렇게 일하고 있다니……정말 힘들겠구나' 하고 생각했다고 합니다.

남편이 일하는 모습을 본 부인은 처음으로 남편의 일이 얼마나 힘든지 알게 되었습니다. 그렇게 힘들게 일하는 덕분에 가족이 생활하고 있다는 것을 깨달은 것이지요. "감사하지 않으면 벌을 받을 거예요." 부인은 제게 이렇게 말했습니다.

그날 밤, 남편은 평소와 같이 술을 마시고 늦게 집에 돌아왔 습니다. 그러나 부인은 조금도 화가 나지 않았습니다. 이렇게 더운 날 비 오듯이 땀을 흘리며 일했으니, 일 끝나고 시원한 맥 주를 마시고 싶은 게 당연하다는 생각이 들자 남편에 대한 미 움과 원망도 사라졌다고 합니다.

그 후로는 집에 돌아온 남편에게 "수고했어요"라고 말하며 따 뜻하게 맞이했습니다. 그러자 다음날, 남편은 술집에 들르지 않 고 바로 집으로 돌아왔습니다. 그리고 부인에게 이렇게 말했다 고 합니다. "항상 늦게 들어와서 미안해. 이제부터 되도록 술을 줄일게." 부인이 남편을 향한 태도를 바꾸자 남편도 부인을 향 한 태도를 바꿔 다투는 일을 피할 수 있었습니다. 얼마 전 부 인과 오랜만에 만날 기회가 있었는데, 지금도 여전히 행복하게 잘 지내고 있다고 했습니다.

부부 사이가 나빠진 이유는 한쪽에만 있는 것이 아니라, 쌍방에 있는 경우가 많습니다. 상대방에게 신세를 지고 있거나 폐를 끼치고 있다는 사실을 깨달으면, 자연스레 감사하는 마음이 생깁니다. 그러면 다툼도 사라지겠지요. 상대방에게 감사하면 다툼을 피할 수 있습니다. 이 부부는 남편에 대한 부인의 감사로 다툼을 피하고 행운을 얻게 된 것입니다.

다툼 중에서도 상속 분쟁은
큰 불운의 서막이다

　앞의 이야기와는 반대로, 다툼으로 운이 나빠진 사례를 소개하겠습니다. 유산 상속 분쟁인데, 운이 좋고 나쁨이라는 의미에서 보면 전형적인 유형이었습니다. 당시 제 의뢰인은 시내에서 작은 공장을 경영하고 있었는데, 할머니의 유산 상속으로 문제가 생겼습니다. 본디 의뢰인의 할머니는 공장과 관련된 자산 일부를 소유하고 있었는데, 의뢰인과 의뢰인의 고모가 이 자산에 대해 동일한 상속권을 가진 것이 원인이 되어 분쟁이 일어났습니다.

　문제가 된 것은 공장부지 안에 있는 토지였습니다. 공장의 출입구에 해당하는 200평 가량의 땅이 할머니 소유였는데, 고모가 의뢰인과 같은 상속권을 주장했습니다. 할머니는 유언을 남기지 않았기 때문에 법정 상속인이 유산을 상속받게 되었습니다. 고모는 돌아가신 할머니의 자식이기 때문에 법정 상속인입니다. 물론 의뢰인의 아버지도 돌아가신 할머니의 자식으로 같은 권리를 가지지만, 이미 돌아가셨기 때문에 권리는 손자인 의뢰인에게 그대로 계승되었습니다.

이처럼 상속인이 상속권을 상실했을 경우, 그의 직계 비속이 대신 상속하는 것을 '대습상속'이라고 합니다. 즉, 문제의 토지는 의뢰인과 고모가 반반씩 상속받을 수 있다는 것이지요. 그런데 토지의 절반을 고모가 갖게 되면, 의뢰인은 공장을 경영하면서 그 토지를 출입구로 사용할 수 없게 됩니다. 그래서 의뢰인은 고모에게 토지는 모두 자신에게 양도하고, 그 대신 상속분에 해당하는 금액을 지급하겠다고 제안했습니다. 그러나 고모는 의뢰인의 이러한 사정을 악용하려고 했습니다.

"너는 그 땅이 갖고 싶은 거잖아. 그러면 돈을 더 내야지"라고 하면서 주변 땅값의 몇 배나 되는 금액을 요구했습니다. 저는 대리인으로서 최선을 다해 설득했으나 소용이 없었습니다. 결국 의뢰인은 경영도 어려운 상황에서 겨우 돈을 마련하여 토지를 확보할 수밖에 없었습니다.

그 후로 수년 후, 의뢰인으로부터 이런 이야기를 듣게 되었습니다. "그 일이 있은 후 얼마 지나지 않아서 고모가 돌아가셨어요. 연세가 높으셨으니까요. 그런데 얼마 전에는 갑자기 고모의 큰 아들이 제게 전화를 해왔어요. 돈을 빌려달라고 했어요. 자초지종을 들어보니 회사 자금에 손을 댄 것 같더군요. 회사로부터 돈을 내놓지 않으면 소송을 걸겠다는 통보를 받은 듯했습니다. 어떻게 내게 이런 뻔뻔한 부탁을 할 수 있는지…… 저는 질려버렸어요. 물론 돈을 빌려주는 것도 거절했습니다."

유산 상속 분쟁 때문에 운이 나빠져서 자식에게까지 나쁜 영향을 미친 것입니다. 다툼은 멈추는 편이 좋아요. 운이 달아납니다. 부디 주의하세요!

도덕적 과실에도 속죄해야
운이 들어온다

　범죄는 아니지만 도덕적으로 보면 죄에 해당하는 행동, 그것을 '도덕적 과실'이라고 합니다. 사람은 살다보면 자기도 모르는 사이에 누군가에게 가혹한 일을 하는 경우가 있습니다. 그런데 이는 형법상의 범죄는 아닙니다. 그렇다고 해서 아무 죄도 아닐까요? 자신도 모르는 사이에 남에게 상처를 준 것은 '어쩔 수 없는 일'이라고 생각할지도 모릅니다.

　하지만 비참한 경험을 한 사람은 그렇게 느끼지 않을 것입니다. '저 녀석이 그때, 그런 짓을 하지 않았으면…….' 하고 원한을 품는 건 당연하지요. 누군가로 인해 자신이 비참한 경험을 했다고 상상해보세요. 가해자의 행동이 형법상의 범죄는 아니더라도 도덕적으로 보면 역시 '죄'가 됩니다.

돌이켜보면, 제게도 그와 관련된 일이 여러 개 있습니다. 저는 대입 시험을 볼 때 두 학교에 지원해서 모두 합격했습니다. 하지만 실제로 입학한 곳은 오사카대학교였습니다. 저는 다른 학교의 합격 기회를 쓸모없는 것으로 만들었습니다. 만일 제가 한군데만 지원했다면 누군가는 저로 인해 불합격당하지 않았을 것입니다.

저는 대학 입시를 치르기 전부터 이런 사실을 알고 있었습니다. 즉, 처음부터 누군가의 희생을 전제로 한 일이었습니다. 또한 변호사가 되기 전, 몇 년 동안 회사원 생활을 했는데 그 회사에 취직할 때도 같은 행동을 했습니다. 취업활동을 할 때 두 회사로부터 채용 통지를 받았습니다. 물론 실제로는 한 회사에만 근무했으니 이때도 누군가에게 희생을 강요한 셈입니다.

물론 제가 입학하지 않거나 입사하지 않으면, 다음 순위의 누군가가 자연스럽게 기회를 얻을 수 있습니다. 하지만 그는 불합격 소식을 듣는 순간, 크게 실망하고 좌절에 빠졌을 것입니다. 어쩌면 그로 인해 원하지 않은 대학이나 회사를 선택했을지도 모릅니다.

자신의 욕심으로 두 군데나 합격을 노리는 것 자체가 이기적인 생각입니다. 이것이 도덕적 과실이라는 것은 의심할 여지가 없습니다. 누구나 이러한 죄를 저지르고 있습니다. 하지만 모두가 똑같이 하는 행동도 죄가 될 수 있습니다. 형법을 어긴 범죄자가 아니더라도 어떤 형태로든 그것에 대한 보상은 해야 합니다.

좋은 운을 가까이하고 싶다면 도덕적 과실에 대해 속죄할 필요가 있습니다. 이것은 1만 명의 인생을 가까이서 지켜본 제 경험상의 규칙입니다.

좋은 의도가 다른 사람을
불행하게 할 수도 있다

도덕적 과실은 인지하기 어렵다는 특징이 있습니다. 때로는 잘되기를 바라고 한 일이 잘못이 된 경우도 드물지 않습니다. 변호사 일을 하다보면, 수많은 인생의 중요한 순간에 항상 참석하게 됩니다. 다양한 사건을 지켜보면서 제가 느낀 점은 인간은 깨닫지 못할 뿐, 많은 죄를 지으면서 살아가고 있다는 것입니다. 제게도 남을 위해서 한 일이 누군가를 불행하게 만든 경험이 있습니다.

지금으로부터 5년 전, 사무소 건너편에 라멘 가게가 새로 문을 열었습니다. 제 딴에는 도와주려고 저희 사무소에서 무료로 개방하고 있는 공간인 '에토스 스테이션'의 이벤트에 참가한 사람에게 그 가게 할인권을 배부했습니다.

이벤트 참가자는 꽤 많았습니다. 오픈한 지 얼마 되지 않은 라멘 가게는 큰 성원을 얻어 대박집이 되었습니다. 저는 '장사가 잘되도록 도운 보람이 있었어. 기뻐하시겠지'하고 생각하며 만족했습니다. 그러나 얼마 지나지 않아 근처에 있던 다른 라멘 가게가 문을 닫고 말았습니다. 새로 생긴 가게에만 손님이 몰렸기 때문입니다.

그럴 의도는 전혀 없었지만, 저는 결과적으로 새로운 라멘 가게가 오래된 라멘 가게의 손님을 뺏는 데 도움을 준 꼴이 되어 버렸습니다. 이런 식으로 사람들은 자신도 모르는 사이에 누군가를 곤란하게 만들거나 불행하게 하는 일을 저지르곤 합니다. 이런 죄에 대해 속죄하지 않으면 운이 트이지 않습니다. 부디 이 사실을 잊지 말았으면 합니다.

나만 잘되길 바라면
운이 돌아선다

어느 해 1월, 신문 광고에 이런 말이 실렸습니다. '원하는 것은 욕심냅시다!' 그러면서 여러 사람의 소원을 늘어놓았더군요. '소원성취', '가족 모두가 건강하기를', '장사 번창', '합격 기원', '자손 번영', '좋은 인연을 만나기를', '건강', '학업 향상', '연애 성취', '입신양명' 그리고 '복권 당첨'까지.

놀라울 만큼 자기 욕망뿐이었습니다. 이래서는 운이 좋아지지 않습니다. 세상은 혼자 살아갈 수 없습니다. 다른 사람과 어떤 일이든 함께해야 살아갈 수 있기 때문에 자기 일만 잘되기를 기원하는 사람에게는 행운이 돌아오지 않습니다. 도덕적 과실로 이어지기 때문입니다.

　도덕적 과실이란, 간단히 말하면 남에게 폐가 되는 행위나 태도를 말합니다. 남에게 피해를 주면 운이 나빠지는데, 탐욕이 바로 그 대표 격입니다. 상업주의에 물든 세상에는 '욕심을 가져라, 욕심을 내라'라는 광고가 넘쳐나고 있지만, 거기에 휘둘리지 않았으면 합니다. 거기에 휘둘려 살아가다가 훗날 잘못 살았다는 것을 깨달았을 때는 이미 운이 나빠지고 난 뒤일 테니까요.

"제 순서를 앞당길 수 없나요?"라고
부탁하면 안 되는 이유

  사리사욕이 지나치면 역시 도덕적인 과실이 되고 운을 달아
나게 합니다. 왜냐하면 자신의 욕심을 추구함으로써 타인을 소
홀하게 여기기 때문입니다. 제가 국회의원의 후원회장직을 맡
고 있었을 때, 정말 이 사회에는 사리사욕의 유혹에 휘둘리는
사람이 많다는 사실을 알게 되었습니다. 사무소에는 국회의원
의 권력을 자신의 상황에 유리하게 사용하려는 사람들이 차례
로 찾아왔습니다.

  "부모님을 특별양호 노인시설에 입주시키고 싶은데 대기자

가 너무 많아요. 어떻게든 빨리 입주할 수 있게 해줄 수는 없나요?" "특별한 치료를 해주는 유명 병원에 입원하고 싶은데 좀처럼 자리가 나지 않아요. 입원 순서를 좀더 앞당기도록 도와주지 않겠습니까?" "아들을 좋은 곳에 취직시키고 싶어요. 소개해주실 수 없나요?" "행정 절차가 늦어져서 곤란에 빠졌습니다. 우리 회사만 빨리 처리해줄 수는 없습니까?" 정말 많은 유권자들이 이런 상담을 하러 방문했습니다.

모두가 자기 순서를 앞으로 옮겨달라는 상담이었습니다. 물론 순서를 바꾸는 것 자체는 범죄가 아닙니다. 하지만 자기 순서만 앞으로 옮기면 차례를 기다리던 다른 사람들은 피해를 보기 마련입니다. 하늘에서 내려다보던 신이 죄라고 이야기하겠지요. 범죄가 아니라면 자기 이익을 도모하기 위해선 무슨 짓을 해도 괜찮다고 생각하는 사람이 정말 많습니다. 물론 법률상으로는 문제가 없으므로 형벌은 주어지지 않습니다. 그래서 이를 이득으로 생각합니다. 하지만 살짝 간과하고 있는 게 있습니다. 이러한 일을 하면 운이 나빠진다는 사실을 말입니다.

저는 후원회장직을 맡고 있을 때, 제 문제로 국회의원의 권력을 이용한 적이 단 한 번도 없었습니다. 이를 알고 있는 아내는 "당신의 그 점은 훌륭해요!"라고 칭찬해주었습니다. 그도 그럴 것이 범죄는 아니더라도 죄가 되는 일을 하면 운이 달아난다는 사실을 경험을 통해 너무나 잘 알고 있었기 때문입니다. 사리사욕은 운을 쫓아냅니다. 부디 이 사실을 기억해두고 운을 쫓아내지 않도록 주의합시다.

내가 한 작은 거짓말에
내가 당할 수 있다

도덕적 과실이 운을 달아나게 한다는 원칙은 정말로 강력합니다. 교활하고 비겁한 삶의 방식에는 반드시 불운이라는 결과가 되돌아옵니다. 세상에는 교활한 짓을 해서 이득을 보는 사람이 있습니다. 하지만 그것은 착각입니다.

저는 이제까지 수많은 교활한 사람을 만났습니다. 남이 생각하지 못한 법의 틈새를 파고들어 이익을 보고 벌을 받지 않고 넘어간 사람들입니다. 하지만 그들은 한때 교활한 방법으로 이득을 취했지만 나중에는 반드시 몰락했습니다. 제가 본 교활한 사람은 모두 그랬습니다.

저는 그들처럼 교활하지는 않지만, 역시 비슷한 경험을 한 적이 있습니다. 개인 사무소를 연 지 몇 년 지나지 않았던 때로, 40년도 더 된 일입니다. 사무소의 경비를 조금이라도 줄이려고 아주 치졸하고 부끄러운 일을 하려고 했었습니다. 엄밀하게 말하면 사기에 해당할 가능성도 있어서, 변호사로서는 남에게 이야기하는 것이 꺼려질 만큼 부끄러운 일입니다. 하지만 40년 전이라면 이미 시효도 지났기에 참회의 뜻을 담아 고백합니다.

그때 저는 사무소의 NHK 방송 수신료를 내지 않고 넘어간 적이 있습니다. 사무소에 NHK 직원이 찾아왔지만 "우리는 텔레비전이 없어요"라고 말하면서 지급을 거부했습니다. 물론 그 직원은 "정말이세요?"라며 의심스러운 표정을 지었지만, 저는 텔레비전이 없다는 말을 반복하면서 돌려보냈습니다. NHK의 직원에게는 실내에 텔레비전이 있는지 없는지 조사할 권한이 없습니다. 그 사실을 이용해 속이려고 했던 것이지요.

이는 돈을 내지 않으려고 한 악의적 거짓말이었습니다. "NHK가 싫어. 수신료는 안 낼 거야" 하고 말하는 것보다 훨씬 악질입니다. 무엇보다 이득을 보기 위해서 남을 속이는 것이므로 사기죄에 해당할 가능성이 있습니다. 하지만 당시의 저는 경영이 힘든 나머지 그런 부끄러운 짓을 하려고 했습니다. 어차피 조사받을 일은 없으니 들키지도 않을 거라고 대수롭지 않게 생각했습니다. 그런데 이런 비겁하고 교활한 짓은 통하지 않았습니다.

얼마 지나지 않아서 사무소의 전화요금이 몹시 높게 부과된 사실을 발견했습니다. 그 이유를 알아보니 제가 사무소를 비운 사이에 직원이 몰래 남 규슈의 고향에 긴 시외전화를 몇 번이나 걸었던 것입니다. 제가 이 사실을 물어보자 그 직원은 조용히 대답했습니다. "선생님도 부정행위를 하고 있으니 걸리지만 않으면 된다고 생각했습니다."

그 직원은 NHK 수신료를 내지 않으면서 들키지만 않으면 된다고 한 저의 언행을 따라 한 것입니다. 저는 한 친구가 했던 말을 떠올렸습니다. "신은 전부 지켜보고 있다." 정말 그렇습니다. 부정을 저지르는 인간은 언젠가는 같은 일을 당합니다. 하물며 사회의 규칙을 지키는 역할을 짊어져야만 하는 변호사가 규칙을 어겨서 좋을 리가 없겠지요.

직원의 행동을 통해 제 자신의 어리석음을 깨달았습니다. 물론 그 후로는 수신료를 지급했습니다. 지금은 그때 그 직원이 시외통화를 길게 해서 참 다행이라고 생각합니다. 교활한 행동은 자신에게 돌아옵니다. 행운을 잡고 싶다면 이 말을 꼭 잊지 마세요.

타인의 잘못을 너무 몰아붙이면
악운을 부르게 된다

　도덕적 과실이라는 것은 아무리 노력해도 벗어나기 어려운 것 같습니다. 게다가 그 과실은 때로는 정말 무서운 결과를 초래하기도 합니다. 그 사실을 제대로 바라보고 속죄하지 않으면 행운은 결코 손에 쥘 수 없습니다.

　무서운 죄를 범하면 범할수록 속죄도 무거워진다는 사실을 저만큼 잘 아는 사람은 없을 것입니다. 왜냐하면 제가 맡은 사건 진행 중에 사람이 셋이나 죽었기 때문입니다. 물론 법으로 판가름할 수 있는 종류의 살인은 아니지만, 사건 진행 중에 사람이 죽은 것은 저에게 책임이 있습니다. 지금부터 그 이야기를 고백하려고 합니다.

첫 번째 희생자를 낸 것은 막 변호사가 되었을 때쯤입니다. 어떤 사람으로부터 채권 추심을 의뢰받았습니다. 저는 대리인으로서 채무자를 찾아가서 "약속한 기한은 이미 지났으니 바로 채권을 지급해주셔야 합니다"라고 독촉했습니다. 그 사람은 상당히 절박한 듯 "지금은 어떻게 할 수가 없어요. 제발 조금만 더 기다려주시지 않겠습니까?" 하고 제게 간절하게 부탁하며 유예를 청했습니다.

저는 의뢰자에게 그러한 사정을 이야기했지만, 그는 너무나 완고한 사람이라 유예해줄 수 없다는 입장을 고수했습니다. 변호사는 의뢰자의 대리인입니다. 어쩔 수 없이 의뢰자와 마찬가지로 채무자에게 엄격한 태도를 고수했습니다. 전화나 서면으로 상대의 약속 위반을 질책하며 빨리 채무를 변제하라고 반복해서 재촉했습니다. 그러는 와중에 마지막 전화 연락으로부터 일주일 후, 채무자는 자살하고 말았습니다. 유서에는 '니시나카 변호사에게 유예를 청했지만 들어주지 않았다'라고 쓰여 있었습니다.

변호사는 의뢰자의 대리인입니다. 당시의 저는 의뢰자가 완고하면 대리인도 완고하게 일을 처리해야 한다고 생각했습니다. 그 결과 이런 비극적인 일이 생기고 말았던 것입니다. 제가 그렇게 추궁하지 않았다면, 그 사람도 죽음을 선택할 만큼 궁지에 몰리지 않았을 것입니다. 결국 나의 일처리 방식이 나빴기 때문에 채무자는 죽음을 선택한 것입니다. 제가 변호사로서 미숙한 나머지 죽지 않아도 될 사람이 죽은 것이지요.

법률적으로는 아무 문제가 없다고 해도 도의적으로는 비난을 받아 마땅합니다. 지금 저는 같은 상황에 처한 젊은 변호사들에게 이렇게 이야기합니다. "강압적으로 굴면 안 돼. 돈을 안 갚겠다는 게 아니야. 기다려달라는 말을 하는 거야. 그러니까 너무 강요하지는 마." 젊은 시절의 제가 저지른 죄를 이제 막 법조인이 된 젊은 변호사들이 저지르지 않았으면 합니다.

두 번째 희생자는 제가 변호사가 된 후 수년이 지나 와지마 이와키치 선생님의 사무소에서 막 독립했을 때 생겼습니다. 저는 재판에서 70대 남성을 증인으로 조사를 하고 있었습니다. 변호사는 의뢰자에게 유리한 사실을 가능한 한 많이 증명해내야 합니다. 의뢰자에게 불리한 증언이 나왔을 때 만약 거기에 모순이 있다면 그 증언은 거짓말일 가능성이 있습니다. 그럴 때는 철저하게 추궁해서 사실이 아니라는 것을 증명하는 것이 변호사의 일입니다.

당시 그 재판의 증인이 하는 말에는 모순이 있었습니다. 그래서 평소의 재판과 똑같이 발언의 모순점을 엄격하게 추궁했습니다. 저로서는 당연한 일을 했다고 생각했습니다. 그런데 제게 모순을 지적받고, 사실 여부를 추궁당하던 증인은 재판 도중에 법정에서 쓰러졌습니다. 그리고 구급차에 실려 병원으로 이송되었습니다.

저는 당황했습니다. 상대가 정신을 잃을 정도로 몰아붙일 작정은 아니었으니까요. '그에게 너무 심하게 대한 걸까.' 그런 후회를 하면서도 이런 생각이 들었습니다. '하지만 재판이니까 어쩔 수 없잖아.' 그로부터 이틀 뒤, 그 증인은 병원에서 세상을 떠났습니다.

  망연한 기분이었습니다. 단순히 변호사로서 해야 할 일을 했을 뿐인데 사람이 죽다니, 상상도 못 한 일이었습니다. 변호사라는 직업은 정말 죄가 많은 직업이구나, 지금도 가끔 생각합니다.

작은 도덕적 과실이
사람을 죽일 수도 있다

일본에서는 아직도 차별의식이 남아 있습니다. 동일본에는 적은 것 같고 관서 지방에서도 이제는 꽤 줄어들었지만, 옛날 오사카에서는 안타깝게도 차별로 인한 사건이 자주 있었습니다. 제게는 차별에 관한 결코 잊을 수 없는 사건이 있습니다. 차별 사건 상담 중에 경솔한 행동으로 사람을 한 명 죽게 했기 때문입니다. 이것이 도덕적 과실로 사람을 죽게 한 세 번째 이야기입니다.

제가 독립해서 개인 사무소를 열고 몇 년이 지난 후의 일이었습니다. 한 의뢰인으로부터 결혼 차별로 고통받고 있다는 상담 전화를 받았습니다. 그 이야기는 이러했습니다. 딸이 어느 남성과 결혼하기로 했는데 상대의 부모가 반대하고 있다는 것입니다. 자신의 집안을 탐탁히 여기지 않는 것 같다고 했습니다. 일종의 차별이었지요. 전화로 상담해온 어머니는 "딸이 결혼하지 못하는 것은 내 혈통 탓이에요. 딸이 너무 딱해서 못 견디겠어요"라고 말했습니다.

저는 자세한 사정을 듣기 위해서 댁에 방문하기로 했습니다. 그날 오후 3시쯤부터 이야기를 듣기 시작해서 6시가 넘도록 들었습니다. "시간도 늦었으니 저녁이라도 드시고 가세요." 어머니가 저녁 식사를 권했습니다. 튀김을 준비하고 있는 것 같았는데, 그날 점심을 늦게 먹어서 배가 고프지 않았고 몹시 바쁘기도 해서 아무 생각없이 사양했습니다. 그때 어머니의 표정이 조금 이상하다는 느낌이 들었습니다. 얼굴색이 나빠진 것 같다는 생각이 들었지만, 기분 탓이라고 생각하고는 그대로 자리에서 일어나 사무소로 돌아갔습니다.

이틀 후, 제게 믿을 수 없는 전화가 걸려왔습니다. 그 어머니가 자살했다는 소식이었습니다. '변호사에게까지 차별을 받았다. 죽는 수밖에 없다.' 이런 유서를 남기고 세상을 떠났다는 연락을 받은 저는 몹시 충격을 받았습니다. 변호사가 자신이 만든 밥을 먹지 않은 것은 더럽다고 생각했기 때문이라며 오해를 한 것입니다. '어머니의 상태가 이상하다고 느꼈을 때, 오해하지 않게 사정을 제대로 설명했어야 했어.' 저는 뼈저리게 후회했지만, 이미 늦었습니다.

제가 한 일은 형법으로 살인죄를 물을 수는 없지만 결과적으로는 살인과 같았습니다. 속죄해야 한다고 생각하고 있습니다. 실은 그 후, 차별 반대 운동을 하던 단체에서 이 사건을 문제화해서 저를 찾아오기도 했습니다. 이미 되돌릴 수 없는 일이지만 저는 사실을 이야기했습니다. 차별할 작정으로 그랬던 것이 아니라, 단순히 배가 고프지 않았기 때문이라고 설명했더니 의외로 쉽게 이해해주었습니다.

그 이유는 저의 변호사 생활을 지켜봐왔기 때문이라고 생각합니다. 저는 약자의 입장에 서서 변호사 활동을 해왔습니다. 그들은 "차별 문제 해결에 전력을 다하고 있는 와지마 선생님 밑에 있던 변호사가 차별을 할 리가 없어. 이건 분명 오해 때문일 거야"라며 이해해주었습니다.

용서받기 힘든 죄를 저지른 저는 은사의 인덕으로 위기를 모면할 수 있었습니다. 우리는 누구나 자각하지 못하는 사이에 많은 죄를 저지르고 있습니다. 그리고 어느새 많은 은혜를 입고 있습니다. 두 가지 진실을 알려준 이 일을 저는 절대 잊지 않을 것입니다.

● 도덕과학이란 무엇인가

법학자인 히로이케 치쿠로 선생이 창안한 학문으로 도덕을 과학적으로 연구하는 것이다. 히로이케 치쿠로廣池千九郞, 1866~1938는 일본의 석학이자 도덕과학 사상을 제창한 인물이다. 그는 학교 교육 및 사회 교육에서의 경험을 집대성하여 도덕 교육을 강조한 '모랄로지moralogy 교육'을 창안하고, 이를 설파하기 위해 학교까지 만들었다.

도덕과학에서 인간은 '살아 있는 한 도덕적 과실을 저지르는 존재'이다. 매일 먹는 음식도 고기나 생선, 채소의 생명을 빼앗고 있는 것이며, 매일 이용하는 철도나 도로도 건설 노동자들의 희생의 산물이다.

이처럼 우리 모두는 누군가의 희생으로 편안한 일상생활을 영위하고 있으므로, 항상 이에 대해 감사한 마음을 가져야 한다. 도덕과학에서는 이것을 '도덕적 부채'라고 부른다. 그러므로 도덕적 부채에 대한 인식 없이 살거나 감사한 마음을 가지지 않으면 운이 달아난다.

3장

저절로 운이 좋아지게
만들 수 있다

은혜를 입었을 땐
다른 사람에게라도
그 은혜를 갚아라

거의 50년 동안 변호사로 일하면서 수많은 사람을 만나왔습니다. 그러면서 통감한 것은 도덕적인 부채가 사람의 운을 크게 좌우한다는 사실입니다. 도덕적 부채란, 도덕과학에 나오는 단어인데 두 가지 내용을 포함하고 있습니다. 첫 번째는 법에는 저촉되지 않지만 인간이 살아가는 동안 범하는 '도덕적 과실'입니다. 또 다른 도덕적 부채는 '인간이 살아가면서 입은 은혜'입니다.

인간이라면 태양이나 자연에서 얻는 은혜가 있습니다. 누구에게나 주어지는 이러한 혜택이 없다면 단 한 사람도 살아갈 수 없습니다. 다음은 사람에게서 받은 은혜가 있습니다. 도덕과 학에서는 인간에게 삼대 은인이 있다고 가르칩니다. 첫째는 나라의 은혜, 둘째는 부모나 조상의 은혜, 셋째는 가르침의 은혜입니다.

첫째, 사람은 국가가 있기 때문에 삶을 살아갈 수 있습니다. 살아가는 데 필요한 것을 전부 혼자서 만들어내는 사람은 없습니다. 필요한 물건은 대부분 다른 사람이 만듭니다. 이렇게 분담이 이루어지는 것도 국가가 체계적으로 움직이는 덕분입니다.

둘째, 부모나 조상이 없다면 '나'는 존재하지 않았을 것입니다. 사람에게는 반드시 피를 나누어준 부모님이 두 명 있습니다. 부모님의 부모님까지 합하면 네 명이 됩니다. 조상을 1대씩 거슬러 올라갈 때마다 조상의 수는 두 배씩 늘어나므로 10대를 거슬러 올라가면 2,046명이 됩니다. 만약 이 2천 명 남짓한 조상 중 한 명이라도 자기 자식을 죽음으로 내몬 사람이 있었다면 지금 이 세상에 '나'라는 사람은 존재할 수 없겠지요.

셋째, 가르침의 은혜는 소위 말하는 은사님에 대한 것입니다. 인생을 살다보면 여러 가지 일이 일어납니다. 다양한 지식이나 지혜, 기술이 필요하지요. 이러한 지혜나 기술을 알려준 사람이 있었기에 지금까지 살아올 수 있었던 것입니다. 도덕적 과실과 마찬가지로 이러한 은혜 역시 도덕적 부채입니다. 조금씩이지만 부채를 갚는 행동이 좋은 운을 불러줄 것입니다. 다만, 은혜를 갚으려 해도 불가능할 때가 있습니다.

효도하고 싶어도 이미 부모님이 이 세상에 안 계시는 사람도 있을 것입니다. 또 태양이나 자연의 은혜는 갚을 방법이 없습니다. 그럴 때는 은혜를 베풀어준 사람에게 직접 갚는 것이 아니라 다른 사람에게 갚으면 됩니다. 누군가에게 받은 은혜를 다른 사람에게 갚으면, 그 사람도 내가 아닌 다른 사람에게 은혜를 갚습니다.

그렇게 해서 세상 전체에 은혜가 순환하게 됩니다. 차례차례

은혜 갚기를 하는 것, 이를 '선행 나누기'라고 부릅니다. 그러면 지금부터는 '은혜란 무엇인가?' '은혜를 갚거나, 갚지 않으면 어떻게 되는가?'와 관련해서 제가 경험한 일을 소개하겠습니다.

수백 만 명의 은혜 덕분에
지금 내가 살아가고 있다

저는 오사카부립 기타노고등학교 출신입니다. 재학 당시에 동문 선배이자 배우인 모리시게 히사야 씨가 강연을 했는데 지금도 그 이야기를 잊을 수가 없습니다. 강연 제목은 '200만 명에게 감사를'이었습니다. 강연이 시작되자 모리시게 씨는 우리에게 이런 질문을 했습니다. "여러분은 17세가 될 때까지 얼마나 많은 사람의 도움을 받았다고 생각하나요?" 선뜻 대답할 수 있는 사람이 없었습니다. 그러자 모리시게 씨가 말했습니다. "200만 명의 사람들 덕분에 지금 여러분이 존재하고 있습니다."

그리고 이런 이야기를 했습니다. "아기일 때 먹는 분유는 아주 많은 사람의 손을 거쳐 만들어집니다. 소를 키우는 사람, 우유를 모아서 운반하는 사람, 우유를 분유로 만드는 사람, 분유를 운반하는 사람, 가게에서 판매하는 사람, 그것을 사와서 따뜻한 물에 녹여 먹여주는 사람 등 이렇게 많은 사람들 덕분에 여러분을 키운 분유가 완성되는 겁니다. 커서 먹는 밥도 마찬가지고, 매일 입고 있는 옷도 그렇습니다. 생활하는 집도, 다니고 있는 학교 역시 마찬가지입니다. 이 모든 것이 수많은 사람들의 도움 없이는 불가능하지요. 그래서 17년간 살아오면서 도움을 받은 모든 사람을 헤아려보면 200만 명이나 되는 것입니다. 이 모든 사람들 덕분에 지금 살아가고 있지요. 17세의 고등학생이니까 지금까지 무엇 하나 혼자서 만든 것은 없습니다. 전부 다른 사람과 부모님 혹은 조상 덕분이지요."

모리시게 씨는 우리를 깨우쳐주고 마지막에는 이런 말로 강연을 마쳤습니다. "200만 명 덕분에 지금까지 살아올 수 있었습니다. 그 사람들에게 감사하며 예를 표합시다. 그러기 위해서는 자신의 생명을 경시해서는 안 됩니다." 당시 기타노고등학교에는 자살하는 학생이 많았습니다. 200만 명에게 은혜를 입었다는 것을 알려준 것은 그 때문이었겠지요. 당시 저는 모리시게 씨의 이야기에 충격을 받았습니다. '막대한 수의 사람들 덕분에 내가 지금껏 살아올 수 있었구나.' 이 사실을 잊지 말자고 다짐했습니다.

은혜를 입은 사실을 잊지 않는 것. 이는 좋은 운을 만드는 데도 중요한 일입니다. 예를 들어 행운을 부르기 위해서는 겸손해야 한다고 생각하고 있지만, 좀처럼 실행하기는 어렵습니다. 저 역시 그렇습니다. 그러나 자신이 셀 수 없을 정도로 많은 사람의 은혜를 입고 있다는 사실을 떠올리면 자연스럽게 오만함은 사라질 것입니다. 은혜를 잊지 않는 것. 이것이 사람의 운을 바꾸는 근간입니다.

어머니 은혜를 깨닫기만 해도
운을 좋게 바꿀 수 있다

변호사로 일하다보면 다툼거리에 대한 상담 요청을 많이 받습니다. 그 근본적인 원인이 원한인 경우도 많습니다. 원한은 골칫덩이입니다. 가까운 사람일수록 원망하기 쉽지요. 특히 자기 부모나 형제를 원망하는 사람이 적지 않습니다. 하지만 원한은 좋지 않습니다. 원한 때문에 운이 달아나기 때문입니다. 반대로 원한이 사라지면 신기하게도 운이 좋아집니다.

어느 날, 회사를 경영하고 있는 한 의뢰인이 상담을 마친 후 문득 제게 이런 이야기를 했습니다. "사실, 저는 어머니가 일찍 돌아가셨어요." 의뢰자가 변호사에게 자신의 성장 과정을 이야기하는 것은 자주 있는 일입니다. 친분이 그다지 깊지 않을 때, 개인적인 이야기 특히 자신의 어린 시절에 관한 이야기를 함으로써 상대와 친해지려는 행동은 일반적입니다. 변호사가 자신의 성격을 이해하면 상담이 원활하게 진행될 것이라 생각하기 때문입니다.

자주 있는 일이라서 저는 의뢰인의 이야기를 묵묵히 듣고 있었습니다. "어머니는 35세의 젊은 나이에 병으로 갑자기 돌아가셨어요. 그때 저는 겨우 열두 살이었지요. 어린아이였으니까, 정말 힘들었어요······." 의뢰인의 부모님이 돌아가신 것은 1955년인 쇼와 30년경이었다고 합니다. 일본이 가난했던 시기였으니 분명히 경제적으로도 꽤 어려웠을 거라고 짐작할 수 있었습니다.

"그때부터 청년이 될 때까지 괴로운 나날의 연속이었어요. 그때마다 어머니를 원망하게 되었어요. '내가 이렇게 힘든 건, 어머니가 부모다운 일을 아무것도 해주지 않았기 때문이야!'라고 생각하며 살아왔어요." 그 말을 듣던 저는 쇼와 시절을 떠올리면서 그런 생각을 하는 것도 무리가 아니겠구나 생각했습니다. 친부모를 원망하다니…… 이보다 슬픈 일은 또 없겠지만, 안타깝게도 괴로운 상황이 계속되면 그럴 수도 있겠다 싶었습니다. 듣고 있으니 저까지 괴로워지는 느낌이었어요. 그런데 괴로워 보이던 그의 표정이 여기서 바뀌었습니다.

"어머니의 27주기에 이모가 이런 말을 했어요. '우리 언니, 마지막까지 모두에게 당부했단다. 우리 애를 부탁한다고. 자기는 음식도 못 삼킬 정도로 몸이 약해져서 정신까지 몽롱한데도 말이야. 자기 옆에 있는 사람이 누구인지도 모르는 상태였는데 의사한테도, 간호사한테도, 나한테도, 가까이에 있는 모두에게 너를 부탁한다고 계속 말했어. 우리 아이를, 우리 아이를…… 하면서. 계속, 몇 번이고 몇 번이고 그렇게 이야기하다가 눈을 감았단다.' 그 이야기를 듣고 퍼뜩 깨달았습니다. 어머니를 잃은 어린아이였던 나는 분명 힘들었어요. 하지만 어린아이를 남겨두고 떠나야만 했던 어머니는 몇 십 배, 몇 백 배 더 괴로웠을 거라고요. 그제서야 내 불효를 깨닫고 마음속으로 어머니께

사죄드렸지요."

　그는 울고 있었습니다. 저도 눈물이 멈추지 않았습니다. 이모에게 들은 이야기를 계기로, 어머니를 향한 원망이 사라졌고 그 후 그는 회사 경영에도 성공했습니다. 그리고 지금은 행복한 인생을 보내고 있습니다. 어머니의 은혜를 깨달은 것이 운을 바꿔주었다고 저는 생각합니다.

불행은 남과 비교하는 데서
시작된다

제게도 부모님을 원망한 경험이 있습니다. 초등학교 2학년 때의 일입니다. 그때 저는 학예회에서 '우라시마 타로'의 주연을 맡게 되었습니다. "엄마, 나 학예회에서 우라시마 타로 역할을 맡았어. 꼭 보러 와야 해!" "알았어, 알았어. 꼭 갈게." 그러나 학예회 당일, 어머니의 모습은 찾아볼 수 없었습니다. 집에 돌아와서 어머니에게 따졌습니다. "엄마! 왜 안 온 거야?" "미안하다, 미안해······."

나중에서야 알게 되었지만, 어머니는 부업으로 봉투 붙이기를 하고 계셨는데 주어진 기한 안에 꼭 완성해야 하는 일이었습니다. 사랑하는 아들이 학예회에서 주연을 맡았는데 보러 가고 싶지 않은 부모가 어디 있겠습니까. 어머니는 당시를 기억하면서 아직도 미안하다며 사과하십니다.

요즘도 법률 상담을 하면서 가족 사이의 다툼을 자주 보거나 듣고 있지만, 아무래도 원인은 비뚤어진 마음 때문인 경우가 많습니다. '다른 형제에게는 해주면서 나한테는 해주지 않았다'며 형제끼리 비교합니다. 그러다보면 마음이 비뚤어지는 겁니다. 하지만 비교하면 다툼만 늘고 운도 달아납니다.

다툼은 불운의 씨앗입니다. 오랜 변호사 생활을 근거로 단언할 수 있습니다. 비교하기 때문에 원망하는 것입니다. 원망하기 때문에 다투게 됩니다. 다투기 때문에 불운해집니다. 제가 경험한 이 내용을 부디 잊지 않았으면 합니다.

교육철학자인 모리 신조森信三 선생의 저서 『수신교수록』에도 이런 말이 실려 있습니다. '고민은 비교 때문에 생긴다.' 비교는 누구나 싫어합니다. '아빠는 훌륭한데, 너는 왜 이러는 거니?'라든가, '형은 잘하는데 왜 넌 못하는 거니?'라는 말을 들으면 누구나 기분이 좋을 리 없습니다. 원망을 줄이기 위해서는 비교하지 않는 것이 제일 좋습니다. 다만 원망을 버리려면 경험을 통해 배우는 것이 좋다고 합니다.

어린 시절에는 이런저런 일로 부모님을 원망했어도 자신이 부모님 정도의 나이가 되면, 원망은 대부분 자연스럽게 사라집니다. 이는 아마도 자신이 부모님과 같은 경험을 했기 때문이 아닐까요? '형만 예뻐한 것처럼 보였지만, 사실 그건 착각이었습니다. 나를 키울 때 경제적으로 어려워서 형에게 해준 만큼 해줄 수가 없었을 뿐이었어요.' 이런 식으로 부모님의 마음을 이해하면 원망도 사라집니다.

자신의 경험뿐만 아니라 남의 경험에도 귀를 기울이면, 원망하는 마음을 버리는 데 도움이 됩니다. 어쨌든 좋은 운을 원한다면 빨리 은혜를 깨달아서 원망하는 마음을 버리고, 다툼을 줄여야 한다는 것이 제가 경험을 통해 깨달은 사실입니다.

재판에서 이겨도
운은 나빠질 수 있다

재판은 다툼입니다. 설령 다툼에서는 이겼다 하더라도 재판에서 진 상대의 원한을 사게 됩니다. 원한을 사면 그 사람에게 끌려 내려갑니다. 즉, 운이 나빠진다는 이야기입니다. 그래서 재판하지 않고 원만하게 해결하는 쪽이 좋습니다. 변호사로서 단언할 수 있습니다. 재판에서 이겨도, 나중에 상대방이 나를 방해하는 일은 신기하게도 자주 있습니다.

옛날에 부모님이 건재하셨을 때, 제게 이렇게 말씀하셨습니다. "절대로 타인의 원한을 사는 행동을 해서는 안 된다." 저는 당시에 어린아이였기 때문에 "왜요?" 하고 물었습니다. "자, 남의 원한을 샀는데 그 사람이 세상을 떠났다고 생각해봐. 그러면 그 사람은 천국이나 지옥에 가서, 거기서도 너를 항상 지켜볼 거야. 너를 끌어내리려고 호시탐탐 틈을 노리는 거지. 그러다 네가 뭔가 실수를 저지르면 기다렸다는 듯이 저세상에서 찾아와 네 다리에 달라붙을 거야. 이쪽으로 와, 이쪽으로 하면서. 지옥으로 끌고 가려고 하겠지. 이렇게 원한을 사면 그 사람이 너를 끌어내리려고 한단다. 그러니까 남의 원한을 사면 안 돼."

어른이 되고 나서도 이 이야기는 잊을 수 없었습니다. 제가 가능하면 재판을 피하려는 것은 그 때문인지도 모릅니다. 남의 원한을 사면 운이 달아납니다. 이 사실을 가르쳐주신 부모님의 은혜를 저는 절대로 잊지 않을 것입니다.

부모님을 부양하면
좋은 운이 나를 부양한다

변호사로서 여러 인생을 보아왔지만, '운에는 신비한 구석이 있구나' 하고 가끔 생각합니다. 왜 그렇게 되는지 과학적으로 설명할 수는 없지만, 운이 움직이고 있다고밖에 생각할 수 없는 일을 몇 번이나 직접 봤습니다. 다음 이야기도 그러한 사례 중 하나입니다.

다섯 명의 형제가 있었습니다. 그들은 모두 부모님 곁을 떠나 독립을 했습니다. 그런데 연로해진 부모님은 고향인 시가 현으로 내려가고 싶어 하셨습니다. 그러나 시가 현에는 이제 집이 없어서 고향으로 내려가려면 새로 집을 장만해야만 했습니다. 안타깝게도 부모님께는 그럴만한 경제적 여유가 없었기 때문에 소망을 이뤄드리기 위해서는 다섯 형제 중 누군가가 돈을 마련할 수밖에 없었습니다.

"누가 돈을 낼 거야?" 형제들은 돈 문제로 상의하다가 다투기도 했습니다. 집을 지으려면 큰돈이 필요하니 무리도 아니었지요. 결국 차남이 "내가 시가 현에 집을 짓고 부모님과 함께 살게"라고 말했습니다. 부모님의 소망을 이뤄드리려고 큰돈을 내놓은 것뿐만 아니라, 부모님의 노후까지 돌보겠다고 결심한 것입니다.

얼핏 보면 차남이 다섯 형제 중에서 가장 안 좋은 제비를 뽑은 것처럼 보입니다. 하지만 그렇지 않았습니다. 차남이 시가 현에 토지를 사고 집을 지어 부모님과 함께 이사한 후 몇 년이 지나자, 갑자기 고속도로 건설 계획이 발표되어 토지 가격이 폭등한 것입니다. 부모님을 모시고 살면서 소원을 이뤄드린 효도의 결과, 큰 행운이 찾아온 것이지요.

신기하게도 효도를 한 사람에게는 행운이 돌아오는 경우가 많습니다. 이득이나 손실과 상관없이 부모님을 생각하는 마음과 행운은 서로 연결되어 있을지도 모릅니다.

신입 때의 실수가
좋은 밑거름이 되는 법이다

저는 변호사가 되자마자 와지마 이와키치 변호사 사무소에 들어갔습니다. 와지마 선생님은 일본변호사연합회의 회장까지 역임하신 분으로, 약자의 편에 서는 훌륭한 변호사로 알려진 분입니다. 저는 선생님의 사무소에서 4년 정도 일하면서 많은 것을 배울 수 있었기에 항상 감사하고 있습니다. 와지마 선생님의 가르침은 삶의 방식뿐 아니라, 변호사이자 인간으로서 제가 소중히 생각해야 할 가치관이 되었습니다. 그때의 일 중에 지금도 가끔 생각나는 일이 있습니다. 제가 저지른 어떤 실패에 관한 이야기입니다.

당시 제가 맡은 일은 사기 사건의 변호로, 과거 폭력조직에 속해 있던 남성에게 받은 의뢰였습니다. 저는 우선 보석을 신청했습니다. 보석금 200만 엔이 인정되어 의뢰인은 구치소에서 나왔습니다. 변호의 제1단계는 무사히 지나갔습니다. 가장 중요한 재판에서는 의뢰인의 희망대로 집행유예를 노렸습니다. 유죄가 선고되어도 집행유예가 선고되면 교도소에 들어가지 않아도 됩니다.

"의뢰인은 죄를 충분히 뉘우치고 있어서 재범 가능성이 낮습니다." 저는 이렇게 주장하면서 재판관을 이해시키려고 애썼습니다. 결과적으로 의뢰인은 집행유예를 선고받아 변호사로서의 제 업무도 성공적으로 마무리되었습니다. 저는 의뢰인에게 약속한 성공보수 100만 엔을 청구했습니다. 큰돈이었지만 의뢰인이 그 돈을 지급할 수 있다는 것을 알고 있었습니다. 재판이 끝났을 때, 보석금으로 법원에 낸 200만 엔이 반환되어 대리인인 제가 맡아두고 있었기 때문입니다.

"맡아두고 있던 보석금 중 100만 엔은 보수로 받아가겠습니다." 하지만 의뢰인은 제 생각과는 다른 제안을 했습니다. "일단 그 돈 전부를 저에게 건네주시면 안 되겠습니까? 실은 그 돈은 폭력단에게 빌린 거예요. 이제는 손을 씻고 싶어요. 그러려면 그 200만 엔을 조직에 돌려줘야만 합니다." 보석금 때문에 폭력단에게 빌린 200만 엔을 그대로 돌려주면 연을 끊을 수 있다니 좋은 일이라고 생각했습니다.

"그러면 보석금은 전액 조직에 돌려주세요. 성공보수는 나중에 주셔도 좋으니까요." 그렇게 말하고 200만 엔을 그대로 의뢰인에게 건네주자, 그는 "정말 감사합니다. 선생님께 지급해드릴 돈은 나중에 꼭 가져오겠습니다!" 하면서 눈물을 글썽이며 돌아갔습니다. 저는 의뢰인이 폭력단과 완전히 연을 끊고 건전한 삶으로 돌아갈 것이라 믿으며, 옳은 일을 했다는 생각으로 묵묵히 기다렸습니다. 그런데 그건 안일한 생각이었습니다. 그 후 의뢰인은 행방불명이 되었습니다. 물론 보수도 받지 못했지요.

그 의뢰인은 사기 사건의 범인입니다. 그러니 교묘한 말로 보수 지급을 피하려는 것일지도 모른다는 의심을 하고 그 제안을 거절해야 했습니다. 와지마 선생님에게 뭐라고 말씀드려야 하나, 저는 얼굴이 파랗게 질렸습니다. 100만 엔이라는 돈은 제 개인 보수가 아니라 와지마 선생님의 사무소가 받아야 하는 보수였습니다. 풋내기인 제 실수로 사무소에 피해를 주고 만 것입니다. 쭈뼛거리며 와지마 선생님께 보상금을 받지 못한 사실을 이야기하니, 선생님은 뜻밖에 이렇게 말씀하셨습니다.

"잘됐네." 저는 제 귀를 의심했습니다. 분명 의아한 얼굴을 하고 있었겠지요. 선생님은 그런 저를 타이르듯이 이렇게 말씀하셨습니다. "자네는 속아서 분했겠지만 좋은 경험을 한 거야. 속으면 어떤 기분이 드는지 잘 알았을 테니까. 자네는 결코 남을 속이는 인간은 되지 말게."

와지마 선생님은 어려움에 처한 사람, 약자의 입장에 서서 일하는 훌륭한 변호사였습니다. 그분의 가르침을 받아 저는 변호사로서의 삶을 시작할 수 있었습니다. 그 은혜를 잊을 수가 없습니다. 지금도 깊이 감사드립니다.

내가 효도하면
나도 효도받는 운으로 돌아온다

저는 정말 운이 좋은 사람이라고 생각합니다. 부부가 함께 일
흔을 넘겼지만, 장남 덕분에 노후 걱정을 하지 않아도 됩니다.
사실 이 행운은 아내 덕분입니다. 아내의 훌륭한 인간성이 돌고
돌아서 저의 행운이 된 것입니다. 그 행운이란 이렇습니다.

40대 초반인 장남은 대형 마트에서 근무하고 있습니다. 대형
마트의 종합직 사원은 전근이 필수라, 현재 장남은 나고야 지점
에서 일하고 있습니다. 그런데 부모인 우리가 있는 간사이 지점
근무를 신청하고선 제게 이렇게 말했습니다. "종합직에서 지역

직으로 바꿨어. 그렇게 하면 계속 간사이에 있을 수 있으니까."
아들의 말을 들은 저는 "지역직이 되면 월급도 많이 줄어든다
고 들었는데 왜 바꾼 게냐?"라고 물었습니다. 그랬더니 아들은
이렇게 답했습니다. "아버지 어머니 두 분 다 나이가 있으니까.
걱정돼서."

우리 부부의 노후를 보살피기 위해서 수입의 불이익을 감수
하면서까지 직종을 바꾼 것이었습니다. 부모를 생각하는 아들
로 자란 것이 너무 기쁘고 고마워서 가슴이 벅차올랐습니다.
이때 저는 장남에게는 물론이고 아내에게도 고마움을 느끼지
않을 수 없었습니다. 왜냐하면 장남의 효도는 아내를 표본으로
한 것이기 때문입니다.

아내는 제 어머니를 성심성의껏 모셨습니다. 어머니가 쓰러지
셨을 때, 저는 지난 시간 동안 효도를 하지 못했다고 생각해서
친가로 돌아가기로 마음먹었습니다. 하지만 제게는 직업이 있
었고 어머니를 돌보기에는 상황이 여의치 않았습니다. 결국 아
내가 어머니를 돌보면서 하나부터 열까지 모든 일을 도맡았습

니다.

"히로미, 지금까지 정말 고마웠어." 어머니는 98세의 나이로 돌아가시기 직전에, 아내에게 감사의 말을 전했습니다. 아내는 어머니의 한마디로 그동안의 고생스러웠던 기억이 한순간에 사라졌다고 했습니다. 장남은 그렇게 헌신적으로 할머니를 간호하는 엄마의 모습을 지켜봐왔던 것입니다. 그래서 자연스럽게 '부모님이 나이가 들면 자식은 부모님을 돌보아야 한다'는 생각을 한 것이 틀림없습니다.

저는 아무것도 하지 않았지만, 아내가 아이의 본보기가 된 것이지요. 그 덕분에 우리 부부에게는 행복한 노후가 기다리고 있습니다. 아내의 은덕으로 행복한 노후를 보낼 수 있으니, 감사하지 않고는 못 배기겠네요.

천재적인 재능보다
훌륭한 성품이 더 귀하다

오사카에는 도가와 고무 제조공장이라는 회사가 있습니다. 일본의 고무호스 브랜드 중에서도 으뜸인 회사로, 이 회사의 창립자인 도가와 씨에게는 특별한 에피소드가 있다고 합니다. 청년 시절, 도가와 씨는 고무 제품을 판매하는 작은 가게에서 근무하고 있었습니다. 아침 일찍부터 밤늦게까지 일에 몰두하던 건실한 청년이라, 사장뿐 아니라 거래처에서도 신뢰하는 직원이었습니다. 게다가 월급은 적었지만 장래를 위해서 조금씩 저축도 하고 있었습니다.

그런데 어느 날, 도가와 씨가 근무하던 가게가 갑자기 도산 했습니다. 사장이 술을 좋아해서 경영을 소홀히 한 것이 원인 이었습니다. 도산하자 채권자들이 몰려들었고 가게의 물건부터 사장의 가재도구까지 전부 압류해갔습니다. 그 모습을 지켜본 종업원들은 차례로 가게를 떠나갔습니다. 그러나 도가와 씨는 떠나가는 동료를 거들떠보지도 않고 가게에 남았습니다. 다른 가게와 회사들이 높은 임금을 내세워 성실하고 평판이 좋은 도가와 씨를 데려가려 했지만 모두 거절했습니다. "저는 월급의 액수로 내가 갈 길을 정하지 않습니다. 이제까지 신세 졌던 사 장님을 버릴 수는 없어요."

그는 심지어 사장의 가재도구가 경매에 나오자 자신이 모아 놓은 돈을 전부 찾아와 그 물건들을 사들여 사장에게 돌려주 었습니다. 도가와 씨는 사장을 도운 후에 드디어 독립하게 되 었는데, 당시 그의 인품을 보고 사업을 돕겠다고 나선 사람들 덕분에 회사는 순식간에 발전했습니다. 회사가 성공하자 그는 예전 사장을 공장장으로 맞이했습니다. 게다가 사장이 죽은 후에는 유족들까지 돌보았습니다.

"왜 그렇게까지 하셨나요?" 주변에서 이런 질문을 하면 도가와 씨는 "사장님은 제 은인이니까요. 사장님이 일을 가르쳐주시지 않았다면 저는 지금의 길로 들어서지 못했을 겁니다"라고 대답했다고 합니다. 이렇게까지 은인을 소중히 대했기 때문에 도가와 씨의 회사가 신용을 얻을 수 있었던 것입니다.

경영학자 피터 드러커는 말했습니다. "경영자가 가져야 할 자질이란, 천재적인 재능이 아니라 성품이다." 성품이란 인덕을 말합니다. 은인을 잊지 않는 높은 인덕이 운을 부릅니다. 우리도 도가와 씨를 본받아 인덕을 갈고닦아야 합니다.

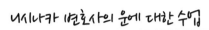

니시나카 변호사의 운에 대한 수업

모리시게 히사야森繁久彌, 1913~2009는 일본의 영화 배우이자 연극계의 거장이다. 와세다대학 재학 중 연극 활동을 시작했고, 이후 대학을 중퇴하고 배우의 길로 접어들었다. 장기 공연작으로 유명한 '지붕 위의 바이올린 연주' 등으로 한국에도 잘 알려져 있다. 직접 작사, 작곡한 노래인 '지상여정'을 크게 히트시키기도 했다.

제2차 세계 대전 패전 이후 전환기를 맞은 일본에서 영화와 연극을 활성화하는 데 큰 역할을 했고, 이런 공로로 1991년에는 대중문화 분야 인사 가운데 최초로 문화 훈장을 받았다.

일본 국민의 존경을 받는 대배우인 그는 명강연자로도 유명했다. 이 책에서는 당시 자살하는 학생이 많았던 기타노고등학교에서의 강연을 소개하고 있다. 이 강연 내용은 수많은 사람들의 은혜에 감사하며 자신의 생명을 소중히 하는 마음이 운을 더 좋게 한다는 니시나카 변호사의 조언과 일맥상통한다.

● 200만 명의 은혜에 관한 모리시게의 강연

"우리는 최소 200만 명의 사람들 덕분에 존재한다. 아기일 때 먹는 분유는 아주 많은 사람의 손을 거쳐 만들어진다. 소를 키우는 사람, 우유를 모아서 운반하는 사람, 우유를 분유로 만드는 사람, 분유를 운반하는 사람, 가게에서 판매하는 사람, 그것을 사와서 따뜻한 물에 녹여 먹여주는 사람 등 이렇게 많은 사람들 덕분에 여러분을 키운 분유가 완성된다. 밥도 마찬가지고 옷도 마찬가지다. 집도 학교도 역시 마찬가지다. 이 모든 것이 수많은 사람들의 도움 없이는 불가능하다. 고등학생이 될 때까지 17년간 살아오면서 도움을 받은 사람을 헤아려보면 200만 명이나 된다. 이 모든 사람들 덕분에 지금 살아가고 있다. 그 모든 사람들에게 감사하자. 그러기 위해서는 자신의 생명을 경시해서는 안 된다."

_ 일본 기타노고등학교 강연 중에서

4장

일상의 일들이
운의 바탕이
된다

인간성 좋은 사람은
처음엔 손해 보지만
나중엔 성공한다

저는 운이 좋은 사람과 나쁜 사람을 수없이 보면서 '운은 인
덕으로 결정된다'는 생각을 하게 되었습니다. 인간성이 좋은 사
람일수록 운이 좋다는 사실을 깨달았기 때문입니다. 인간성이
좋으면, 한편으로 손해 보는 삶을 사는 것 같지만 결국에는 운
의 도움으로 성공합니다. 인품이 좋지 않은 사람은 일시적으로
성공해도 운이 따라주지 않아서 결국에는 실패하고 맙니다. 인
덕이 운을 좌우한다는 사실은 저 혼자만의 경험은 아닙니다.
예로부터 이 사실은 잘 알려져 있습니다.

맹자라는 중국의 사상가가 있습니다. 그가 남긴 말 중에 이런 것이 있습니다. "천작을 갈고닦으면 인작이 저절로 따라온다 修其天爵而人爵從之." 이때 '천작'이란 하늘에서 내려주는 작위를 말합니다. 작위란 지위라는 의미이므로 천작이란 하늘이 준 지위, 즉 '덕'을 의미합니다. 이에 비해 '인작'이란, 인간 세상에서의 지위이므로 구체적으로는 부·학력·지력·권력 등을 의미합니다.

"인덕을 쌓으면 부나 권력은 자연스레 손에 넣을 수 있다." 맹자의 말이 의미하는 것은 이것입니다. 즉, 맹자는 인덕을 갖추면 운이 좋아진다고 말하고 있습니다. 부나 권력을 손에 넣으려고 해도 인덕이 갖춰지지 않으면 소용없습니다. 즉 먼저 인덕을 갖추어야 부나 권력이 따라온다는 것입니다.

부나 권력을 원하는 것은 행복해지고 싶기 때문입니다. 그런데 인덕을 쌓으면 충실한 마음으로 살아갈 수 있으며, 좋은 사람에게 둘러싸여 행복하게 살 수 있습니다. 그러니 부나 권력을 얻는 일은 인덕 있는 사람에게는 뒷전이겠지요. 신기하게도 인덕이 높고 부나 권력에 욕심이 없는 사람일수록 운이 좋아져서 오히려 부나 권력을 손에 넣을 수 있는 것 같습니다.

　인덕과 운은 서로 깊은 관계가 있습니다. 이제부터 제가 경험한 여러 가지 사례를 소개하면서 둘의 관계에 대해 설명하겠습니다.

'유능하다'는 말보다
'믿을 수 있다'는 말이
진짜 칭찬이다

남을 칭찬하는 말은 여러 가지가 있습니다. '유능하다, 똑똑하다, 뛰어나다' 등은 능력을 칭찬하는 말입니다. 능력은 돈을 버는 것으로 이어지는데, 요즘 세상에서는 이를 존중하는 듯합니다. 그래서 돈만 있으면 되는 세상이라고 생각하는 사람도 있을지 모르지만, 현실은 그렇지 않습니다. 돈이 있어도 불행한 사람은 많기 때문입니다.

이외에도 남을 칭찬하는 말은 또 있습니다. '아름답다, 귀엽다, 잘생겼다, 키가 크다, 스타일이 좋다' 등입니다. 특히 외모를 칭찬하는 말은 정말 다양합니다. 외모를 신경 쓰는 것은 예나 지금이나 변하지 않는 인간의 본성인지도 모릅니다. 외모가 잘생긴 사람은 모두가 좋아해주니 행복할 것 같지만 실은 그렇지도 않습니다. 아름다운 여성의 불행은 드문 일이 아니며, 잘생겼다는 이유로 몰락한 남성도 있습니다. 외모도 운의 잣대라고는 말할 수 없나 봅니다.

그렇다면 다른 칭찬은 없을까요? 이런 말도 있습니다. '상냥하다, 기댈 수 있다, 신용할 수 있다, 정직하다, 성실하다' 등입니다. 이러한 표현은 인간성을 칭찬하는 말입니다. 물론 아무리 인간성이 좋아도 이는 직접 돈벌이로 이어지지도, 모두에게 주목받거나 추켜세워져 우대받지도 않습니다.

하지만 저는 "유능하시군요"라는 말을 듣는 것보다도 "친절하시네요"라는 말을 듣는 편이 기쁘고, "미남이시네요"라는 말을 듣는 것보다는 "믿을 수 있을 것 같아요"라는 말을 듣는 편을 좋아합니다. 사실, 뛰어난 능력이나 아름다운 외모보다 운이 좋고 나쁨과 깊은 관계가 있는 성질은 바로 '인간성'입니다.

예를 들어 상장기업에서 차기 사장을 정할 때, 가장 중시하는 것은 그 사람의 실적도 능력의 유무도 아닌 '인간성'이라고 합니다. 물론 살아가기 위해서는 돈도 필요하고 능력도 지위도 필요하지요. 뛰어난 외모 역시 사람을 사귈 때 무시할 수 없는 요소입니다. 하지만 돈도, 능력도, 외모도, 결국은 살아가기 위한 도구에 불과합니다. 행운도 인간성 여하로 결정됩니다.

　'친절하다'라는 말이 '머리가 좋다' 혹은 '미남, 미녀'라는 말보다 기쁜 것은 그 때문입니다. 운을 결정하는 것은 인간성입니다. 이것이 만 명 넘는 의뢰인의 불행과 행복을 지켜본 저의 결론입니다.

친절하고 정중하면
사업은 절로 번창한다

　오늘날 일본에서는 변호사의 빈부격차가 커지고 있어서 생활조차 제대로 하지 못하는 변호사가 급증하고 있습니다. 연봉이 300만 엔인 변호사의 수가 15년간 두 배로 증가했다는 통계도 있습니다. 이렇게 된 원인은 고이즈미 내각의 구조 개혁 때문입니다. 변호사의 수를 늘리려고 사법고시를 쉽게 냈기 때문입니다. 제가 사법시험에 응시한 것은 지금으로부터 50년 정도 전으로, 합격자는 50명 중 한 명의 비율이었습니다. 그런데 지금은 서너 명 중 한 명의 비율이니 예전보다 10배 이상 합격률이 높습니다.

옛날 같으면 변호사의 아들로 태어나도 사법고시에 합격해서 부모의 후계자가 될 수 있는 사람은 몹시 적었습니다. 하지만 요즘에는 대부분 후계자가 될 수 있다고 합니다. 이처럼 사법시험이 쉬워져서 합격자가 급증하자 변호사 세계에서는 과한 경쟁이 벌어지게 되었습니다. 그 여파로 수입이 적어서 제대로 생활을 할 수 없을 정도인 변호사도 드물지 않은 모양입니다. 이제는 사법시험에 합격해도 먹고 살길이 막막해서 변호사 개업을 포기하고 전혀 다른 일을 하는 사람도 있습니다. 그런데 아이러니하게도 이렇게 경쟁이 심한 시대일수록 변호사에게 중요한 것은 '인간성'입니다.

지금부터는 한때 제 사무소 소속이었던 젊은 변호사의 이야기를 하려고 합니다. 그는 몹시 예의 바른 사람이라서 의뢰인은 물론이고 상대측 사람과 이야기할 때조차 친절하고 정중한 말투를 썼습니다. 물론 예의 바른 것은 나쁜 일이 아닙니다. 다만 의뢰자의 대리인으로서 분쟁을 해결할 때 상대방에게도 친절한 말투로 대하면 업무에 지장이 있지 않을까 걱정될 정도였습니다.

"자네, 그렇게 하면 채무자에게 무시당할 거야." 일이 잘 풀리지 않는 듯해서 때때로 이런 주의를 주기도 했습니다. 그는 제 조언을 받아들여서 지나치게 정중한 말투는 고치려는 듯했지만, 이내 정중한 말투를 사용했습니다. 그의 인간성 때문이겠거니 하고 저도 더 이상 강력하게 주의를 주지는 못했습니다. 결국 그는 제 사무소에서 4년 정도 일한 후 독립했습니다.

그 후로 두 달 정도 지나자 저는 그가 어떻게 지내고 있는지 신경이 쓰였습니다. 어쨌든 젊은 변호사가 과잉 경쟁으로 고생하는 시대입니다. '저렇게 사람이 좋아서 괜찮을까?' '생활은 제대로 될까?' 이런저런 걱정이 됐습니다. "어때, 잘하고 있나?" 저는 조심스럽게 물었는데 그의 답은 의외였습니다. "걱정해주신 덕분에 순조롭습니다."

제 사무소에 있던 시절, 의뢰인의 상대방이었던 사람들에게서 자주 의뢰가 들어오고 있는 듯했습니다. 그들은 '저렇게 정중하고 친절한 사람이라면 틀림없이 잘 도와줄 거야'라면서 일을 의뢰한다고 했습니다. 처음에는 잘 이해가 되지 않았지만 이야기를 듣는 사이에 납득할 수 있었습니다.

변호사가 받는 일에는 형사사건이나 민사사건이 있습니다. 그가 제 사무소에서 일할 때는 민사사건을 주로 다루었는데, 이 경우 의뢰자의 상대방은 범죄와 관련된 경우가 거의 없습니다. 강도나 살인을 저지른 것이 아니므로 무서운 얼굴과 태도로 임할 필요도 없고, 정중한 말투로 이야기하는 것이 이상하지 않은 것이지요. 채무자 입장에서 보면 "돈을 갚으세요!" 하고 말하러 온 변호사가 상냥하고 정중한 태도를 보이면 분명 놀라울 것입니다.

변호사는 냉정하고 무서운 태도로 법률 지식을 휘두르며 자신을 추궁하러 오는 사람뿐이라고만 생각했기 때문에 그의 태도는 더욱 강한 인상을 남겼을 것입니다. 그래서 자신에게 변호사가 필요할 때, 그를 가장 먼저 떠올리게 되었다고 합니다.

그는 제 사무소에서 일하던 4년 내내 정중하고 친절한 태도를 보였습니다. 그러면서 상당히 많은 일을 했기 때문에 그의 친절한 태도에 놀란 상대방도 꽤 많아진 것입니다. 그들 모두가 잠재적 의뢰인이니 독립한 후의 일이 순조로운 것은 당연한 일입니다.

눈앞에 닥친 일에는 적합하지 않았지만 정중하고 친절한 태도가 결국 좋은 영향을 미친 것입니다. 경쟁이 심한 시대이니만큼 그의 좋은 인간성이 더욱 돋보인 것이지요. 돈을 벌기가 어려운 시대라 해도 인간성이 좋으면 행운이 찾아옵니다. 이 사실을 변호사뿐 아니라 이 시대의 모든 젊은이들이 꼭 알아주었으면 합니다.

아침마다 벽을 향해
허리 숙여 인사하는 사장님

　인간성을 갈고닦으면 운이 좋아집니다. 저는 경험을 통해 이 사실을 알고 있습니다. 그런데 왜 그런지 궁금해하는 분이 계실지도 모르겠군요. 이유는 간단합니다. 인간성이 좋은 사람은 다툼이 적기 때문이지요. 다툼이나 분쟁은 불행의 근원입니다. 원한이 남아서 인간관계가 망가지거든요. 운이란 사람이 옮겨다주는 것이기 때문에 인간관계가 손상되면 운도 달아납니다. 그러므로 다툼이 적으면 인간관계가 좋아지고 운도 좋아지지요. 실제 사례를 소개해보겠습니다.

주택 판매 회사에서 근무하는 사람이 회사의 결정이 부당하다며 상담을 하러 왔습니다. 저는 관련 사실을 조사하기로 했습니다. 하지만 그 사람은 조사 결과가 나오는 것을 기다리지 못하고 사장과 직접 담판을 지으려 했습니다. 그래서 출근하자마자 곧장 사장실로 쳐들어갔는데, 그때 그가 본 것은 사장이 벽을 향해서 깊숙이 허리를 숙여 인사를 하는 모습이었습니다.

이상한 생각이 들어 벽 쪽을 살펴보니 거기에는 놀랍게도 사진이 빽빽하게 붙어 있었습니다. 사장은 그가 들어온 것을 눈치채고는 무슨 일로 찾아왔는지 물었습니다. 그는 사장의 질문에 대답하지는 않고 "이 엄청난 사진은 뭔가요? 왜 사장님은 사진에 인사하고 계셨습니까?" 하고 자신도 모르게 엉뚱한 질문을 했습니다.

"아, 사원들 사진이야. 아침에 회사에 오면 꼭 이렇게 고맙다고 인사를 하지. '여러분 덕분에 회사를 운영할 수 있습니다. 고맙습니다. 부디 여러분도 행복해지기를 바랍니다' 하고 말이야. 그리고 퇴근할 때도 인사를 한다네. '오늘 하루도 무사히 회사를 운영할 수 있었습니다. 고맙습니다. 모두 좋은 일이 있기를 바랍니다' 하면서……." 사장은 조금 쑥스러운 듯이 말했습니다.

제 의뢰인은 불만을 호소할 작정으로 사장을 찾아갔지만, 그 말을 듣고는 맥이 빠져서 아무 말도 하지 못하고 방을 나왔다고 합니다. 하지만 사장의 말을 반신반의했기에 비서에게 "매일 저렇게 사장님이 직원들 사진에다가 인사를 하나요?" 하고 물었습니다. 그러자 비서는 그렇다면서 또 다른 일화를 들려주었습니다.

"그뿐만이 아니에요. 사장님은 모든 사원의 일을 정말로 잘 알고 계세요. 부모님은 어떻게 지내시는지, 자녀는 어떻게 지내는지, 항상 신경 쓰고 계세요. 그리고 사원의 가족에게 무슨 일이 있으면 바로 상담을 하세요. 얼마 전에도 사원의 가족이 교통사고가 나서 사장님이 바로 병원으로 병문안을 다녀오셨어요. 입원비가 부족해서 곤란한 상황이면 돈을 융통해줄 수 있다고 하셨어요. 직접 문병을 가지 못할 때는 저희를 대신 보내기도 해요. 사원이 곤란한 상황에 처해 있으면 꼭 자신에게 이야기하라고 당부하시면서요. 사장님은 항상 사원들을 생각하고 계세요."

그 사실을 알고 나서 그의 불만은 완전히 사라졌다고 합니다. 회사의 결정이 부당하다며 재판에 호소하려고까지 생각했었는데 그럴 마음이 완전히 사라진 것이지요. 사장의 인간성이 사원의 분노를 잠재운 것입니다. 만약 사장의 인간성에 문제가 있었다면 이 사원은 회사에 대한 불만 때문에 부당함을 호소하며 재판을 벌였을지도 모릅니다. 그렇게 되면 회사의 이미지가 손상될 뿐 아니라, 자신의 업무에도 좋지 않은 영향을 미쳤겠지요.

사장은 자신의 인간성이 재판이 벌어질 사태를 방지한 것을 알지 못합니다. 이처럼 경영자의 성품은 기업의 운을 틀림없이 좌우합니다. 경영자만이 아닙니다. 어떤 직업이든 인간성은 운의 좋고 나쁨과 이어집니다. 부디 이 사실을 잊지 마시길 바랍니다.

100만큼 일하고
80만 바라면 120이 들어온다

업무에서 운을 부르려면 손익은 생각하지 않는 편이 좋을지도 모릅니다. 저는 지금까지 변호사로 47년간 일하면서 꽤 많은 사무원으로부터 도움을 받았습니다. 그중에서도 가장 인상적이었던 여성에 관해 이야기해보려고 합니다.

그녀가 남다르다고 느낀 것은 출근시간에서부터 시작되었습니다. 근무시간은 오전 9시부터 오후 5시까지인데, 그녀는 매일 오전 8시 반에 출근해서 그날의 업무를 준비했습니다. 심지어 잔업 수당 같은 것은 전혀 청구하지도 않았습니다. 이 성실한 근무 태도를 당연하다는 듯이 계속 이어나갔습니다. 그리고 성실함 이상으로 제 기억에 남았던 것은 선물이었습니다.

하루는 그녀가 무언가를 기쁘게 준비하는 것을 보고, "그건 뭔가요?" 하고 물었더니 부모님의 생신 선물이라는 대답이 돌아왔습니다. 부모님의 생신 때마다 빠트리지 않고 선물을 하는 듯했습니다. 게다가 선물하는 것 자체를 너무 기뻐하는 게 태도에서 명확히 드러났습니다. 성실한 데다 효심도 깊고 그런 행동을 당연히 여기는 자연스러움에 저는 감동했습니다. 이렇게 성품이 좋은 사람은 행복해져야 한다고 생각했지요.

그 후, 저는 그녀에게 결혼 상대를 소개해주었고 그녀는 원만하게 결혼하여 퇴직했습니다. 지금도 행복하게 살고 있다고 합니다. 직원이 득실만 따지며 일하면 고용주는 쓸쓸해집니다. 이 여성처럼 기분 좋게 일한다면 사장 입장에서는 무언가 자꾸 해주고 싶어지지요. 100만큼 일하고 80만 요구하면 손해라고 생각할지도 모르지만, 이를 지켜보는 사람은 분명 있습니다. 제 경험상, 이런 사람에게는 반드시 행운이 찾아옵니다. 제가 장담

합니다.

하지만 요즘 사람들은 100만큼 일하고 120이나 200을 취하려고 합니다. 그것을 당연하게 여기는 듯합니다. 일견 득 같아 보이지만, 사실 그렇지 않습니다. 언젠가 다른 형태로 그 여분을 갚지 않으면 안 되니까요. 그러니 눈앞의 득실보다도 좋은 기분으로 일하는 것 자체를 더 소중하게 여겨야 합니다. 그러면 좋은 운을 불러들이는 결과로 이어질 것입니다.

그런데 요즘 직원에게 잔업 수당 없이 일을 시키는 곳이 많습니다. 과잉 노동을 강요하는 악덕 기업이 사회문제가 되는 시대입니다. 그런 시대에 '득실을 따지지 말고 일하자'라고 하면, 분노하는 사람도 있을지 모릅니다. 이처럼 회사가 이익을 얻기 위해서 직원을 혹사시키는 것은 논외의 이야기입니다. 일하는 사람에게 제대로 보수를 지급하는 일은 당연합니다. 다만 제가 하고 싶은 말은 일할 때 득실만 따지면 운이 달아난다는 것입니다. 만약 일 자체가 힘들면 그건 다른 문제겠지요. 어디까지나 기분 좋게 일할 수 있는 범위에서 손익을 잊는 것이 중요합니다.

  기분 좋게 손익을 따지지 않고 일하면 운이 좋아집니다. 아
무쪼록 '기분 좋게'라는 점에 주의하여 과중 노동만은 하지 않
도록 주의합시다.

어떤 스펙보다도
인연이 더 귀한 프로필이다

저는 은사인 와지마 이와키치 선생님에게 정말 많은 것을 배웠습니다. 그중 하나를 소개하겠습니다. 와지마 이와키치 법률사무소에서 근무한 지 얼마 지나지 않았을 때, 새로운 직원의 채용을 맡은 적이 있습니다. 모집공고를 내고 지원자의 면접을 본 후, 미숙하긴 하지만 제 나름대로 이런저런 생각 끝에 가장 적합하다고 생각한 여성 지원자를 선택했습니다. 다른 지원자는 전부 결격사유가 있는 것 같아서 채용하지 않기로 했습니다.

그런데 채용하기로 한 사람이 갑자기 사퇴해서 몹시 당황스러웠습니다. 사무소에서 급하게 직원이 필요했기 때문이지요. 다시 모집공고를 내면 채용하는 데까지 시간이 너무 걸릴 것이고, 예전 지원자들 중 한 사람을 뽑아 채용하는 것은 곤란하다고 생각했습니다.

좋은 생각이 떠오르지 않아 고민하던 끝에 와지마 선생님에게 상담하자, 선생님은 예전 채용공고 때 받은 이력서가 있는 상자 안에서 아무거나 뽑아서 보지도 않은 채 이렇게 말씀하셨습니다. "이 사람이 좋겠어. 연락해서 다른 곳에 취업하지 않았으면 채용해서 우리 사무소에서 일하게 하지." 저는 깜짝 놀랐습니다. 제가 보기에 그 사람은 채용하지 않기로 한 사람 중에서도 가장 문제가 있다고 판단한 사람이었기 때문입니다.

"좀더 신중하게 제대로 고르지 않아도 괜찮을까요?" 하지만 선생님은 웃으며 말씀하셨습니다. "괜찮아. 우리 사무소에서 일하고 싶어 하는 사람이잖아. 이렇게 수많은 회사 중에서 일부러 우리 사무소를 고른 거니까. 괜찮을 거야." 대부분의 사람들은 저와 마찬가지로 직원을 뽑을 때 이력서로 판단하고, 면접에서 또 다른 능력이나 성격을 파악한 후에 채용을 결정하려고 합니다. 그런데 와지마 선생님은 이력서의 내용은 고사하고 응시자의 얼굴조차 보지 않고 채용을 결정했습니다. 선생님은 지원해준 것만으로도 와지마 사무소와 인연이 있으니 괜찮을 거라고 생각하시는 듯했습니다.

저는 반신반의하면서 선생님 말씀대로 그 지원자와 연락을 취하여 직원으로 채용하기로 했습니다. 채용한 후에 알았는데, 그 여성은 정말로 성격도 좋고 훌륭한 사람이었습니다. 이력서에 쓰여 있는 학력이나 자격증은 뭔가 부족했지만, 능력도 좋고 근무 태도도 성실해서 채용하길 정말 잘했다고 생각했습니다.

보통 직원을 채용할 때는 고용하는 쪽에서 선택합니다. 하지만 와지마 선생님은 달랐습니다. 지원하는 쪽에서 우리 사무소를 선택했기에 그 인연이 중요하다고 말씀하셨습니다. 사람을 고르는 것보다 '사람을 믿는 것'이 중요하다. 이는 와지마 선생님처럼 인격이 높은 분이 가질 수 있는 태도라고 생각합니다. 결과적으로도 이력서에 적혀 있는 학력과 각종 자격증으로 사람을 판단하려고 했던 저보다 사람과 사람의 인연을 믿는 와지마 선생님의 판단이 옳았습니다.

지원한 것만으로 이미 인연이다. 이는 훌륭한 생각입니다. 그후, 변호사로서 여러 사람과 상담을 하는 사이에 제게도 인연의 중요함을 몸소 깨닫게 되는 일이 늘어났습니다. 인연을 중요시하면 운이 트입니다. 이는 누구나 경험할 수 있는 일입니다.

고객이 소중한 만큼
하청업체도 귀하게 여겨야 한다

　꽤 예전 일이지만 제가 다니던 내과의 의사 선생님은 환자에게 정말 친절하고 치료할 때도 정중한 것으로 유명했습니다. 그래서 환자들에게 인기가 많았고 평판이 좋았습니다. 그러나 우연히 이 선생님에게 또 다른 면이 있다는 사실을 알게 되었습니다. 이는 변호사로서 제가 병원 경영에 관한 정보를 얻게 된 후의 일입니다.

　그는 환자에게는 매우 평판이 좋은 의사였지만, 병원에 출입하는 제약회사나 의료기기 영업사원에게는 최악의 인물이었습니다. "내가 너희 회사의 제품을 써주는 거야"라고 이야기하면서 항상 오만한 태도로 뻔뻔하게 서비스를 요구했다고 합니다. 병원에서 고용한 간호사나 약사 등 직원에게도 마찬가지였습니다. 오만하고 차가운 태도를 보였다고 합니다.

저는 변호사이므로 비밀을 지킬 의무가 있습니다. 그래서 '알고 보니 그 의사가 이런 사람이더라'라고 다른 사람들에게 이야기하지는 않았지만, 더 이상 그 병원에 가고 싶지는 않았습니다. 또 적극적으로 친구나 지인에게 병원을 소개하려는 마음도 들지 않았습니다.

그 후로 한동안 이 의사에 대한 이야기는 잊고 있었습니다. 그런데 그 병원이 문을 닫았다는 소식을 듣게 되었습니다. 경영 부진 탓이었지요. 이익이 되면 친절하게 대하고, 이익이 되지 않으면 냉정하게 대하는 그 의사의 태도가 문제되지 않았을까요? 이런 태도가 운을 쫓아버린 것입니다. 모두들 주의해야 합니다.

유산 때문에 불행해지는
자식이 더 많다

변호사들은 나이 많은 자산가로부터 재산 상속에 대한 상담 요청을 자주 받습니다. 그들은 자신이 모아둔 재산을 가능한 자식에게 많이 물려주고 싶어 하고, 상속세도 줄이고 싶어 합니다. 물론 절세 대책 같은 것은 세무사의 영역이지만, 변호사가 법률의 빈틈을 잘 알지 않을까 하는 생각에 상담을 요청하는 것이겠지요.

어느 쪽이든 상담의 취지는 모두 '가급적 많은 재산을 자손에게 물려주는 것'임에 틀림없습니다. 그러나 아무리 세금을 줄

여서 자손에게 많은 재산을 물려주어도, 사실 그들의 인생에는 그다지 도움이 되지 않는 것 같습니다. 부모들이 갖은 고생 끝에 모은 재산을 온갖 지혜를 다 짜내 절세까지 해서 자식에게 물려줘도, 정작 그 유산 때문에 자식들이 불행해지는 것을 저는 몇 번이나 보았습니다. 가장 흔한 경우는 큰돈이 생겨서 도박에 빠지는 경우입니다.

재산을 모은 사람은 돈의 가치를 알고 있기 때문에 효과적으로 돈을 쓰는 법도 잘 알고 있습니다. 그러나 유산을 상속받은 사람은 자신이 돈을 벌지 않았기 때문에 돈의 가치를 잘 모르고 효과적으로 쓸 줄도 모릅니다. 그러니 안일한 마음으로 오락에 낭비하게 되는 것이지요. 도박이 아니라면 고급 술집에 계속 드나들거나, 여자에게 빠져 큰돈을 쓰는 사람도 많습니다. '술, 도박, 여자'라는 방탕한 삶의 3대 요소에 유산을 탕진하는 것이지요.

이러한 길에 빠지면 억 단위의 유산도 몇 년이면 깨끗하게 사라집니다. 게다가 노는 데만 정신이 팔렸던 사람이니 이후의 인생을 다시 일으켜 세우려는 힘을 내기도 어렵습니다. 그냥 그렇게 몰락할 뿐입니다. 예전에는 유산 상속인이 여성인 경우, 도박 이외의 유흥에는 빠지지 않았지만 요즘은 호스트 클럽에 빠져 살거나, 젊은 남자를 만나면서 유산을 써버리는 경우도 많습니다. 이런 경우 아무리 고생해서 재산을 물려줘도 자식의 행복으로는 이어지지 않는 것이 현실입니다. 정말로 자식의 행복을 생각한다면 다른 것을 남기는 편이 좋습니다.

간사이 지역에는 오래된 명문가가 있습니다. 그런 가문에서도 재산을 남기지만, 그것이 자손의 번성만을 위한 것은 아닙니다. 오래된 가문에는 대부분 가훈이 있습니다. 예컨대 절약을 중시하거나, 오만함을 벌하거나, 주변 사람들과의 협력을 강조하는 등 사람이 살아가는 데 도움이 되는 본연의 자세를 가르칩니다. 오래된 명문가에서는 이런 가훈을 중요하게 생각하기 때문에 지금까지 번성해온 것입니다. 재산보다 덕을 남겨주어야 합니다. 자식의 운수 대통과 행복을 바란다면 꼭 기억해 두세요.

장례식 때 사람이 모여야
진짜 운이 있는 사람이다

친구가 세상을 떠났을 때의 이야기입니다. 그는 변호사회의 임원을 역임하고 있었기에 장례식장에는 국회의원이나 도지사, 상장기업의 임원 등이 참석했으며 수많은 사람이 모였습니다. 그런데 친족의 분향 순서가 되자 이상한 분위기가 느껴졌습니다. 분향한 것은 그의 부인과 아이들뿐, 다른 친척은 한 명도 없었던 것입니다. 그렇게 된 데에는 무언가 집안의 사정이 있었겠지요.

한 번은 어떤 자산가가 다섯 명의 자식에게 유산을 분배하는 일로 상담을 요청해와서 의뢰인의 저택에 방문한 적이 있었습니다. 그때 이런 이야기를 들었습니다. "자식이 다섯 명이나 되는데, 아무도 여기에 오지 않는다오." 커다란 집에 혼자 살고 있으면 분명 외로울 것이라 생각했습니다.

"이 정도의 재산을 이룬 데는 분명 많은 사람의 도움이 있었을 텐데, 유산 일부를 공공단체에 기부하는 건 어떨까요?" 제가 제안해보았지만 그는 냉정하게 거절했습니다. "내가 고생해서 모은 재산이오. 남에게 1원도 줄 수 없소. 할 수만 있다면 전 재산을 천국에 들고 가고 싶을 정도요." 그 말을 듣자 자식들도 찾지 않은 이유를 알게 되었습니다.

이런 마음 씀씀이를 가졌는데 어느 누가 다가오겠습니까. 친자식들도 가까이 가지 않으니 안타까울 따름입니다. 사회적으로 성공했거나 부자가 된 사람들 중에 젊은 시절엔 행복한 삶을 사는 듯 보이지만, 마지막 여생이 그렇지 않은 경우가 많습니다. 행복하게 세상을 떠나는 사람이야말로 진정으로 행복한 사람입니다.

자신만을 위해
돈을 쓰는 부자는
반드시 불행해진다

누구나 돈 벌기를 원하지만, 돈이 있다고 모두 행복할까요? 아무래도 그렇지는 않은 것 같습니다. 돈은 많이 벌었지만, 조금도 행복하지 않은 사람이 정말 많습니다. 상속 문제로 방문한 자산가들을 보면 잘 알 수 있습니다.

이런 의뢰인이 있었습니다. 건설회사를 설립한 부부 의뢰인으로, 그들의 회사는 순조롭게 실적이 늘어났고 하청업체도 100군데 가까이 되는 큰 회사로 성장했습니다. 그런데 경리 부장이 횡령을 한 사건이 생겨서 상담하러 온 것입니다. 자초지종을 들으면서 저는 이 부부가 부자는 되었지만 그리 행복하지는 않다는 사실을 알게 되었습니다. 우선 횡령 건을 봐도 알 수 있습니다. 문제가 된 경리 부장은 회사를 그만둔 후 독립했는데, 그 과정에서 전 직장의 돈을 횡령했을 뿐만 아니라 거래처까지 가로챘습니다.

처음에는 도대체 왜 그런 일을 했을까 싶었는데 부부의 이야기를 들으면서 점차 알게 됐습니다. 그 경영자 부부는 인망人望이 전혀 없었습니다. 회사가 커지고 돈을 벌게 된 후부터 부부의 평판은 안 좋아지기 시작했습니다. 남편은 고급 술집에 빠져 애인까지 만들었고, 부인은 귀금속이나 명품 옷을 사들이며 사치를 부렸습니다. 부부 사이도 나빠져서 싸움이 끊이지 않았다고 합니다.

경영자의 사생활이 이러니 직원들도 무엇을 보고 배우겠습니까. 사장 부부처럼 해도 된다고 생각하는 것이 무리가 아닙니다. 이 과정에서 경리 부장 역시 거리낌 없이 돈도 거래처도 훔쳤다는 것입니다. 결국 이 부부는 돈은 벌었지만 직원의 신뢰를 잃고, 부부 사이의 유대감도 잃어서 불행의 나락으로 떨어질 위기에 직면하게 되었습니다.

돈만으로는 행복해질 수 없습니다. 행복을 손에 넣으려면 '덕'이 필요합니다. 조금만 깊이 생각해보면 재산은 자신의 힘만으로 모을 수 없다는 걸 알 수 있습니다. 우연히 사업에 성공했다고 해도 혼자만의 힘이 아니라, 직원이나 거래처 등 많은 사람의 협력이 있었기 때문에 가능했을 겁니다. 그것을 깨닫지 못한다면 사람들의 마음은 떠나가겠지요. 그렇게 되면 반대의 힘이 작용해서 돈마저 잃게 될 것입니다.

부자들은 많은 사람들 덕분에 재산을 모을 수 있었음을 알아야 합니다. 그러니 자신만을 위해 돈을 써서는 안 됩니다. 도움을 준 이들과 함께 사용해야 합니다. 그렇게 생각할 수 있는 덕을 지니고 있다면 이미 행복해진 것입니다. 변호사인 저는 잘 알고 있습니다. 성공한 사람이 진정으로 행복해질 수 있는 방법은 돈보다도 덕에 있다는 것을 말입니다.

유통기한이 다 된 제품만
골라 사는 가기야마 씨

운 좋게 성공한 사람에게는 특징이 있습니다. 자신만의 이익
보다도 전체의 이익을 우선시하는 것이지요. 운이 좋은 사람의
방법을 따라 한다면 당신의 운도 좋아질지 모릅니다. 실은 저
도 자주 그런 사람을 따라 합니다.

그중 한 사람은 옐로우햇의 창업주 가기야마 히데사부로 씨
입니다. 그는 슈퍼마켓이나 편의점에서 식품을 살 때, 꼭 유통
기한을 보고 유통기한이 임박한 것을 일부러 산다고 합니다.
유통기한이 다 된 것일수록 신선도가 낮으니 맛도 떨어지고,

냉장고 안에서 썩을 위험이 큰데도 일부러 손해 보는 상품을 선택하는 셈이지요.

왜 그런 일을 하는지 궁금해서 물어보니 그는 이렇게 말했습니다. "유통기한이 지나도 팔리지 않으면 가게는 그 식품을 폐기 처리해야 합니다. 폐기하는 것은 아깝고, 슈퍼마켓은 손해를 보지요. 그런데 내가 유통기한이 되기 전에 사면 그렇게 되는 것을 막을 수 있잖아요." 하루라도 유통기한이 긴 상품을 고르는 것이 상식일 텐데, 이것이 정말 옳은 일일까요? 손님의 입장에서 보면, 유통기한까지 날짜가 많이 남아 있는 식품 쪽이 신선하고 오랫동안 보존할 수 있기에 이득처럼 느껴집니다. 하지만 이것 역시 정말 이득일까요?

고객이 자신의 입장만을 생각한다면 슈퍼마켓은 보다 많은 식품을 버려야 합니다. 그만큼 이익이 줄어드니 자사 상품의 가격을 올리지 않으면 안 됩니다. 가격을 올리면 손님은 비싼 상품을 사게 됩니다. 반면에 가격을 올리지 않으면 슈퍼마켓은 망하게 되고, 그렇게 되면 손님은 근처에 식품 가게가 사라져 불편해집니다.

　사회 전체를 두고 보면, 손님에게도 유통기한이 지난 음식이 늘어나는 것은 손해입니다. 가기야마 씨는 이러한 관점에서 생각했던 것입니다. 그래서 언뜻 보기에는 손해인 것 같지만 실은 자신에게도 도움이 되는 쇼핑 방법을 취하고 있는 것입니다.

　자신만 생각하면 의외의 손해를 보게 됩니다. 이는 운이 달아난다는 것과 일맥상통합니다. 좀더 넓게 사회 전체의 관점에서 생각하고 행동하면, 뜻밖의 이득을 얻을 수도 있고 운도 트입니다.

누가 부를 때 "네" 하며
큰 목소리로 대답하는 이유

평범한 사람인 저는 이렇다 할 장점은 없지만, 활기차게 인사하는 것만큼은 남달리 신경 쓰고 있습니다. 가끔 강연할 때도 인사하는 목소리가 커서 다들 깜짝 놀라고, 은행 창구에서도 "니시나카 씨" 하고 부르면 "네!" 하고 큰 목소리로 대답해서 모두의 주목을 받습니다. 사실 이렇게 큰 목소리로 하는 인사는 조금이라도 인덕을 닦으려는 마음에서 시작된 것입니다.

변호사로 일하며 수많은 회사들을 지켜보면서 저는 어떤 사실을 깨달았습니다. 바로 성장하는 회사는 '활력'이 있다는 점입니다. 상담 때문에 회사나 사업장을 찾아갔을 때 직원들의 목소리가 크고 활기차면 그 회사는 성장했습니다. 반대로 '이 회사 사람들은 다들 기운이 없네' 하는 생각이 들면 나중에 불운한 일이 벌어지곤 했습니다. 예를 들어 거래처가 도산해 위기에 처하거나, 경영자가 사고를 당했다거나 하는 식의 운 나쁜 일이 자주 일어납니다.

회사의 성장 비결 중 가장 중요한 것은 경영자의 활력입니다. 경영자가 활력이 넘치면 직원들도 활발하게 일하기 마련입니다. 즉 경영자의 활력이 운을 부르는 것이지요. 제가 참석하는 모임 중 회사 경영자들이 주축이 된 '윤리법인회'라는 단체가 있습니다. 이 모임의 멤버들은 항상 활력이 넘칩니다. 무엇보다 매주 아침 6시 30분에 모일 정도로 다들 건강해서 저도 덩달아 건강해졌습니다. 활기 넘치게 인사 나누는 것을 보는 것만으로도 기분이 좋아지고 활력이 샘솟습니다.

이 모임은 사회 교육가이자 사상가인 마루야마 도시오 선생이 창시한 것으로, 윤리를 기업 경영에 활용하려는 향상심 있는 경영자들이 중심을 이루고 있습니다. 현재 이 모임에는 법인 회원이 약 6만 3천 사, 개인회원은 약 16만 5천 명 가량 소속되어 있습니다. 아사히 맥주의 명예 고문이었던 나카조 다카노리 中條高德 씨도 동참해 모임의 취지를 응원하고 있습니다.

특히 이 모임에서 사용하는 책자인 『만인 행복 입문서』에는 교훈이 될 만한 내용이 담겨 있습니다. 이것은 윤리를 기저로 한 성공법칙을 실천하기 쉽도록 17개의 표어와 짧은 문장으로 정리한 것으로, 그 내용 중 몇 가지는 제가 경험한 것과 아주 흡사합니다. 예를 들어, 9번은 제가 경험한 '교활함은 자신에게 되돌아온다'와 같은 내용을 담고 있습니다. 이렇게 저의 경험과 겹치는 교훈이 많아서 깜짝 놀랐습니다.

마루야마 선생은 평범한 사람인 제가 50년 가까이 살면서 겨우 알게 된 것을 더 넓고 깊게 이해하고 계셨습니다. 더구나 세상에 유용하게 쓰려고 하셨지요. 탄복하지 않을 수 없었습니다. 참고로 윤리법인회는 종교단체나 사상단체가 아니라 중립적인 경영자 모임으로, 저도 여기에 참여하는 사이 약간은 인덕을 닦은 기분이 듭니다. 무엇보다 활력을 얻었으며 덕분에 운이 좋아진 것 같습니다. 그리고 건강이 인덕의 하나처럼 운을 부른다는 사실도 깨달았습니다.

현재 일본 회사의 50%가 3년이면 도산한다고 들었습니다. 그 후 5년이면 80%, 10년이면 95%가 도산한다고 합니다. 기업의 도산은 직원 모두의 생활 기반이 무너지는 것이므로 그 죄가 몹시 무겁습니다. 건강도 인덕입니다. 부디, 회사 경영을 하는 사람은 이 사실을 기억했으면 합니다.

여섯 가지 마음만으로
모든 것을 다 얻을 수 있다

인사를 잘하면 훌륭한 인덕을 쌓을 수 있습니다. 예전 사무소에서는 인덕을 쌓는 데 중요한 인사말을 정리해놓은 '여섯 개의 마음'이라는 슬로건을 벽에 붙여 놓았습니다. 방문하는 의뢰자들은 다들 "좋은 말이네요!"라고 이야기하면서 "복사 한 장 해주실 수 있나요?"라고 묻기도 했습니다. 이 '여섯 개의 마음'을 일명 '로터리 정신'으로 아시는 분도 계시겠지만 일단 소개해보겠습니다.

① "안녕하세요"라는 밝은 마음

② "네"라는 솔직한 마음

③ "죄송합니다"라는 반성의 마음

④ "제가 하겠습니다"라는 적극적인 마음

⑤ "감사합니다"라는 감사의 마음

⑥ "덕분입니다"라는 겸손한 마음

이 여섯 가지 마음으로 일상생활을 하면 인덕을 갈고닦을 수 있습니다. 그리고 인간관계가 좋아져 다툼이 사라집니다. 그 사실을 변호사 사무소에 방문하는 사람들도 잘 알고 있기에 '좋은 말'이라고 했겠지요. 하지만 다툼 때문에 변호사에게 상담하러 왔으니 현실에서는 실천하지 못한 것입니다. 머리로는 잘 알고 있지만 실천은 쉽지 않습니다. '마음의 발전은 인사부터!' 행운을 불러오기 위해서라도 꼭 실천해보십시오.

업무나 청소 등
일상의 일들에
마음을 담아야 한다

　인간성이 운을 좌우한다면, 어떻게 해야 인간성이 좋아질까요? 곰곰이 생각해봐도 그 방법이 쉽게 떠오르지는 않습니다. 저도 어떻게 해야 좋을지 몰라서 착각했던 적이 있습니다. 한 불교 선사의 참선에 참여했을 때의 일입니다. 스님으로부터 이런 질문을 받았습니다. "여기 오신 목적이 무엇입니까?" "마음을 갈고닦으러 왔습니다." 저는 모범답안을 말할 작정으로 자신만만하게 대답했습니다. 분명 "좋은 생각이군요" 하고 칭찬하실 줄 알았습니다.

　그런데 스님은 이렇게 말씀하셨습니다. "마음은 갈고닦을 수 없습니다. 눈에 보이지 않으니까요. 우선 눈에 보이는 것을 제대로 갈고닦으세요." 저는 부끄러웠습니다. 정작 마음이 무엇인지도 모르면서 자신만만하게 마음을 갈고닦으러 왔다고 했으니까요. 정체도 모호한 마음을 갈고닦는 것보다 중요한 것은 스님이 말씀하신 대로 눈에 보이는 것을 연마하는 것이겠지요. 당연한 일에 최선을 다하는 것이야말로 자신을 연마할 수 있는 방법입니다.

인간성을 연마하려면 당연한 일에 최선을 다하면 됩니다. 그 후로 저는 하루의 업무나 인사, 청소 등의 일상생활을 할 때 마음을 담아서 하게 되었습니다. 눈에 보이지 않는 것을 연마할 수는 없습니다. 어려운 일을 하는 것보다 당연한 일을 제대로 하는 것이 중요합니다.

◉천작을 갈고닦으면 인작이 저절로 따라온다

孟子曰　　맹자께서 말씀하셨다.

有天爵者　천작은 하늘이 내리는 벼슬이고

有人爵者　인작은 사람이 주는 벼슬이다.

仁義忠信　인·의·충·신하여

樂善不倦　선을 즐거워하는 것을 게을리하지 않는다면

此天爵也　이는 하늘이 내린 벼슬이다.

公卿大夫　공경과 대부는

此人爵也　사람이 준 벼슬이다.

古之人　　옛날 사람들은

修其天爵　천작을 닦으면

而人爵從之　그로 말미암아 인작이 따랐다.

今之人　　요즘 사람들은

修其天爵　천작을 닦아서

以要人爵　인작을 구한다.

旣得人爵　이미 인작을 얻고 나면

而棄其天爵　천작을 버린다.

則惑之甚者也　곧, 미혹이 심하다 하겠다.

終亦必亡而已矣　마침내는 그것마저 잃어버리고 말 것이다.

_ 맹자의 말씀 중에서

'천작'은 하늘에서 내려주는 작위를 의미하므로 하늘이 준 지위, 즉 '덕'을 의미한다. 이에 비해 '인작'이란, 인간 세상에서의 지위이므로 구체적으로는 부·학력·지력·권력 등을 의미한다.

"인덕을 쌓으면 부나 권력은 자연스레 손에 넣을 수 있다." 니시나카 변호사가 맹자의 말을 통해 강조하고자 하는 것은 바로 이것이다. 즉, 맹자는 인덕을 갖추면 운이 좋아진다고 말하고 있다. 부나 권력을 손에 넣으려고 해도 인덕이 갖춰지지 않으면 소용없다. 그보다 먼저 인덕을 갖추면 부나 권력은 나중에 따라온다.

○ 옐로우햇의 창업자 가기야마 히데사부로의 '맨손으로 화장실 청소하기' 일화

옐로우햇은 일본의 자동차용품 판매업체로 매출액이 1조원을 넘는 대기업이다. 이 회사의 창업주인 가기야마 히데사부로는 특별한 선행과 경영방식으로 유명하다. 전국을 돌며 학교, 공원, 역 등의 화장실 청소를 몸소 한다. 그의 화장실 청소하기 봉사는 큰 호응을 부르면서 동참자가 10만 명을 넘기도 했고, 미국·중국·대만·브라질 등으로도 확산되었다.

그가 처음 화장실 청소에 나선 이유는 사원 교육과 기업문화 혁신을 위해서였다. 그가 자전거 한 대로 기업을 창립했던 1961년 무렵은 일본 경제의 고도성장 시기였으므로 인력을 구하기가 어려웠다. 더욱이 영세기업은 우수한 인재는커녕 좋은 품성을 가진 사원을 뽑는 것이 불가능했다. 어렵게 뽑은 사원들은 게으르고 난폭하기까지 했다.

이때 가기야마 씨는 새벽에 출근해 맨손으로 더러운 화장실 변기부터 닦기 시작했다. 사원들이 타는 영업용 자동차도 직접 깨끗이 정성스럽게 닦았다. 물론 사원들에게는 전혀 청소를 시키지 않았다. 하지만 그의 청소하기가 수년 동안 계속되자 점차 따라 하는 사원들이 늘어났고, 결국 전 사원이 청소에 동참했으며 주변 동네까지도 말끔해졌다.

가기야마 창업주는 식품점에서 식품을 살 때도 유통기한이 임박한 것을 골라 사는 습관을 가졌는데, 이는 가게 주인이 보다 신선한 상품을 팔 수 있게 하기 위해서라고 한다.

그의 이런 남다른 배려는 커다란 운을 불러와 사업에서 승승장구하게 되었다. 니시나카 변호사는 가기야마 창업주의 이러한 선행이 운으로 돌아와 자전거 한 대로 시작한 사업이 조 단위 매출의 대기업으로 성장하게 되었다고 말하고 있다.

5장

상대를 대하는

태도가

운을 좌우한다

'배려'하고 '격려'하고 '칭찬'하는
운이 좋아지는 3단계

운을 가져오는 것은 '사람'입니다. 즉, 타인과의 관계가 좋으면 운이 트입니다. 앞서 소개했지만 좋은 사람 주변에는 반드시 좋은 사람이 모이며, 나쁜 사람 주변에는 꼭 나쁜 사람만 모입니다. 사람을 사귀는 방식의 차이가 이러한 교우관계의 차이를 만들고, 나아가서는 운이 좋고 나쁨에도 영향을 미칩니다.

그런데 사람을 사귀는 데 근본이 되는 것이 바로 '말'입니다. 말을 이용한 커뮤니케이션으로 인간관계가 성립되기 때문입니다. 어떤 말을 쓰고 어떤 의사소통을 해야 운이 좋아질까요?

사실 좋은 인간관계로 행운을 부르는 데는 몇 가지 요령이 있습니다.

우선 말에 대한 요령입니다. 좋은 인간관계를 만들어서 운을 트이게 하는 말에는 다음 세 가지가 있습니다. 남을 배려하는 말, 격려하는 말, 그리고 칭찬하는 말입니다. 남을 배려하는 말은 사람과 사람 사이에 신뢰를 쌓아줍니다. 격려하는 말은 사람의 마음을 밝게 해주지요. 칭찬하는 말은 사람을 적극적으로 만듭니다. 그러므로 이러한 말을 통한 인간관계는 운을 좋게 만들 수밖에 없습니다.

다음으로 커뮤니케이션 요령입니다. 저는 50년 가까운 세월 동안 변호사로 일하면서, 10년 넘게 '생명의전화' 상담원으로도 일했습니다. 이런 경험을 통해 '상대를 먼저 받아들이는 것'이 얼마나 중요한지 깨달았습니다. 이쪽의 의견을 강요하는 것이 아니라, 먼저 상대를 온전히 받아들이려는 태도야말로 좋은 커뮤니케이션의 근간이 됩니다.

글로 소통할 때도 요령이 있습니다. 최근에는 스마트폰의 문자나 이메일 등으로 글을 주고받는 것이 일상적입니다. 그 때문에 엽서나 편지로 커뮤니케이션하는 빈도가 많이 줄었습니다. 하지만 엽서나 편지를 쓰는 것은 운을 좋게 만드는 최고의 방법 중 하나입니다. 손글씨로 내 마음을 전하는 것, 특히 힘들고 슬픈 일이 있는 사람에게는 그보다 더한 배려가 없습니다. 당연히 나의 운도 좋아지겠지요. 이제부터는 말과 운에 관한 구체적인 이야기를 소개해보겠습니다.

말 한마디로 유산 다툼을 해결한
오사카의 형제 이야기

남을 배려하는 말에는 행운을 부르는 힘이 있습니다. 특히 진심으로 남을 배려하는 말에는 극적으로 운을 바꾸는 힘이 있지요. 저는 그러한 사례를 몇 번이나 경험했는데, 그중에서도 가장 기억에 남은 이야기를 소개하겠습니다.

지금으로부터 삼십여 년 전, 오사카에 사는 형제가 부모님이 남겨준 유산을 둘러싸고 다툼을 벌이다가 제게 일을 의뢰해왔습니다. 그 집의 아버지는 슈퍼마켓을 경영하고 있었으며 형은 전무를, 동생은 상무를 맡고 있었습니다. 사장이었던 아버지가 돌아가신 후, 슈퍼마켓 경영은 형이 이어받고 동생은 회사를 떠나 독립해서 다른 슈퍼마켓을 차렸습니다. 유산 상속으로 문제가 된 것은 오사카 시내의 토지 500평이었습니다. 당시 공시지가로 억대를 넘어서는 유산이라 형도 동생도 서로 '내 것'이라며 양보하지 않았습니다.

저는 상담을 하면서 원만한 화해를 권했습니다. 권리는 절반씩 가지고 있으니, 한쪽이 땅을 가지고 싶다면 다른 한쪽에게 토지의 절반에 해당하는 돈을 지급하도록 설득했습니다. 그러나 형도 동생도 동의하지 않았습니다. 그 상태로 법원 조정에 들어갔습니다. 하지만 양쪽의 주장은 변함이 없어서 어쩔 수 없이 조정이 중단되고, 심리와 재판으로까지 넘어가게 되었습니다.

제가 보기에 이는 최악의 상황이었습니다. 심리나 재판으로 넘어가면 서로 상대를 공격하게 됩니다. 이렇게 해서는 자신의 주장이 받아들여져서 유산을 상속받는다 해도, 마음속에 커다란 응어리가 남아 평생 형제를 미워하고 용서하지 않을 것입니다. 재판에서 진 쪽은 물론이고 이긴 쪽조차 상대를 미워하게 되겠지요. 즉, 부모님을 잃은 불운에 형제까지 미워하게 되는 나쁜 운명을 자초하게 되는 것입니다. 운을 나쁘게 하는 길로 돌진하는 것이지요.

형제가 서로 미워하는 건 돌아가신 부모님에게는 더없는 불효입니다. 당시 저는 변호사로서 상담을 거듭했음에도 불구하고 아무런 도움이 되지 못했기에 좌절감이 컸습니다. 자식을 위해서 재산을 남기고 돌아가신 분에게 정말 면목이 없었습니다. 저는 참담한 기분으로 당사자인 형제와 재판관과 함께 조정 중단을 결정하는 자리에 임했습니다. 그런데 그 자리에서 예상하지 못한 일이 벌어졌습니다. 급작스러운 전개로 유산 분쟁이 해결되었습니다. 그 계기는 동생이 중얼거리듯 내뱉은 말 한마디에 있었습니다.

그는 작은 목소리로 이렇게 말했습니다. "나는 형한테 불리한 일 따위는 안 해." 겨우 이 한마디의 말에 운과 불운을 나누는 아주 작은 이치가 숨어 있었습니다. "너, 지금 뭐라고 했어?" 형은 동생의 말을 듣고 따지듯이 물었습니다. 또 말다툼이 시작되는 건가, 하고 저는 조마조마했습니다. 동생은 형을 노려보며 이렇게 대답했습니다. "나는 저 땅을 받아도 형한테 불리한 일 같은 건 안 한다고 했어." "너, 그거 정말이야? 다시 한 번 말해 봐." 저는 흠칫 놀랐습니다. 형의 목소리가 떨리고 있었기 때문입니다.

"형은 의심하고 있을지도 모르지만, 나는 그 땅을 경쟁 슈퍼마켓에 팔거나 하지 않아. 그런 건 한 번도 생각해본 적 없어." 동생의 목소리도 아까처럼 날이 서 있지 않았습니다. 오히려 형과 같이 떨리는 목소리였습니다. 형은 "진짜냐?" 하면서 제대로 말을 잇지 못했습니다. 이윽고 소리 내어 울기 시작했습니다. 동생도 오열했습니다.

저는 그제서야 무슨 일이 일어났는지 이해했습니다. 유산 상속을 둘러싼 이 다툼은 욕심 때문에 생긴 일이 아니라, 형제간의 불신이 원인이었습니다. 문제의 토지는 형제의 아버지가 만든 슈퍼마켓에서 그다지 멀지 않은 장소에 있었습니다. 아버지는 그 땅에 슈퍼마켓의 2호점을 내려고 계획하고 있었는데 그만 돌아가신 것입니다. 회사를 이어받은 형은 아버지의 뜻을 이어 언젠가는 그 땅에 2호점을 낼 생각을 하고 있었습니다.

그런데 동생은 형의 그런 생각을 알지 못했습니다. 아버지의 재산을 혼자 독차지하려 한다고만 생각한 것입니다. 게다가 독립한 지 얼마 되지 않아서 자금도 필요했겠지요. 그래서 동생은 500평의 땅을 매각하려 했고 형은 동생의 진의를 의심했습니다. '저 녀석은 나를 미워하고 있어. 그러니까 그 땅을 경쟁 슈퍼마켓에 팔아서 내 사업을 방해하려는 거야. 나는 아버지의 가게를 어떻게든 키워가려고 애쓰는데 저 녀석은 자기만 생각하는 게 분명해.'

형은 아버지에게 물려받은 사업을 지키고 싶었기에 강경하게 맞섰던 것입니다. 그런데 동생이 뜻밖에 "형한테 불리한 일 따위는 안 해"라고 말하자 동생을 향한 시기와 의심이 한순간에 걷혔습니다. 그러니까 성인인 남자가 소리 높여 울음을 터트린 것이겠지요. 이를 보고 동생도 자신이 오해했다는 것을 깨달았

습니다. 형이 그 땅에 집착한 것은 욕심이나 자신을 미워해서
가 아니라, 아버지의 사업을 지키기 위해서였다는 것을 그제서
야 이해했습니다. 그래서 동생도 오열한 것입니다. 서로의 오해
를 푼 형제는 소송을 통한 다툼을 피하고 단번에 화해했습니
다.

그 결과 형이 500평의 땅을 이어받는 대신, 토지 가격의 절
반에 해당하는 돈을 동생에게 지급하기로 했습니다. 이렇게 해
서 형제 사이는 원만해졌고, 하늘에 계신 아버지도 기뻐할 만
한 결과가 나왔습니다. 이 유산 상속 사건에서 저는 아무런 도
움이 되지 못했습니다. 이 형제에게 행운을 가져다준 것은 동
생의 말 한마디였습니다.

저처럼 오랜 시간 변호사로 일하면 여러 다툼을 보게 됩니
다. 변호사는 다툼이 있기에 존재하는 직업이지만, 사실 다툼
이 없는 게 가장 좋습니다. 다퉈서 좋은 일은 아무것도 없으니
까요. 다툼은 불운으로 가는 길이자, 불행한 인생으로 들어서
는 문입니다. 그것을 알면서도 다툼을 생계 수단으로 삼고 있

으니, 변호사는 참으로 죄 많은 직업이라는 생각이 듭니다.

특히 슬픈 것은 유산을 둘러싼 다툼입니다. 부모님이 돌아가
신 것만으로도 슬픈데, 형제나 친척이 서로 재산을 빼앗으려고
하면 견딜 수 없을 것입니다. 저는 항상 유산 상속 문제가 발생
하면 소송하지 않고 화해하도록 설득하는데, 원만하게 잘 해결
되지만은 않습니다. 재산에 눈이 어두워져서인지, 아니면 형제
끼리의 오랜 불화 탓인지 저의 이야기에 좀처럼 귀를 기울여주
지 않는 경우가 종종 있습니다. 그럴 때 변호사로서 무력감을
느끼지만 '남을 배려하는 단 한마디의 말'이 분쟁을 해결하고,
의뢰인의 운까지 바꾸는 경우를 보면서 또 다른 보람을 느끼
기도 합니다.

말은 사람의 운을 좌우합니다. 이 형제의 사건은 마음속에
서부터 남을 배려하는 말은 큰 행운을 불러올 수 있다는 것을
깨닫게 해주었습니다. 부디 남을 배려하는 말을 소중히 여기세
요. 그 한마디가 당신에게 커다란 행운을 불러올지도 모릅니다.

칭찬을 잘할 줄 아는 사람은
사업에도 성공한다

칭찬의 말에도 운을 좋게 하는 효과가 있습니다. 법률사무소에는 회사의 사장이 상담하러 오는 경우도 많은데, 그들 대부분은 '칭찬을 잘하는 유형'에 속합니다. 능숙하게 칭찬을 잘하면 왜 사업도 성공하는 걸까요? 경험적으로 칭찬을 잘하는 것이 성공과 관계가 있음을 알고는 있었지만, 오랫동안 그 이유는 알 수 없었습니다. 하지만 최근 엉뚱한 일 덕분에 드디어 수수께끼가 풀렸습니다.

그 계기는 노래방이었습니다. 저는 노래방을 좋아하지 않습니다. 노래를 잘 못 부르기도 하고 남들 앞에서 노래하는 것이 부끄러워서 노래방에 가자고 하면 늘 도망 다녔습니다. 그런데 어느 모임이 끝나고, 어쩔 수 없이 노래방에 가야 하는 일이 생겼습니다. 그때도 노래하는 것은 거절했지만, 중간에 억지로 노래를 부르게 되었습니다. 그때였습니다.

"니시나카 씨, 노래 잘하시네요." 인사치레라는 걸 알고는 있었지만 그래도 기뻤습니다. 게다가 왠지 기운이 났어요. 그 일이 있은 후로는 노래방에 가서 노래를 하게 되었습니다. 칭찬은 엄청난 위력을 가지고 있음을 다시 한 번 절감했습니다. 사람은 누구나 칭찬을 들으면 기뻐합니다. 기운을 내서 힘든 일도 극복합니다.

만약 이 위력을 사장이 직원에게 사용한다면 사업도 성공하겠지요. 그래서 사장 중에는 칭찬을 잘하는 사람이 많은 것입니다. 저의 오랜 수수께끼는 이렇게 풀렸습니다. 칭찬은 사람을 적극적으로 일하게 만드는 힘이 있습니다. 그래서일까요, 사업에 성공한 사람 중에는 칭찬에 능숙한 사람이 많은 것 같습니다.

주변 사람들의 가능성을 끌어내면 사업 운이 좋아지는 효과가 있습니다. 이는 비단 사장이 직원에게 하는 칭찬에만 적용되는 것은 아닙니다. 누구라도 남을 칭찬하면 좋은 일이 생깁니다. 우선 칭찬을 잘하는 사람은 주위 사람과 문제를 일으키지 않습니다. 분쟁에 휘말려 변호사 사무소에 상담하러 오는 사람도 칭찬에 능숙한 사람의 경우에는, 재판으로까지 가지 않고 원만하게 화해하는 경우가 많습니다.

반대로 재판을 자주 벌이는 사람은 칭찬에 서투르다기보다 대체로 다른 사람을 칭찬하는 데 인색한 사람입니다. 다툼은 불운의 씨앗이고, 칭찬에 인색하면 불운을 부르는 것이나 마찬가지입니다. 칭찬하면 운이 좋아지고 칭찬하지 않으면 불운을 초래합니다. 꼭 기억해두세요!

채소가게집 아이를
경영자로 키운
선생님의 덕담 한마디

　격려의 말에는 사람의 마음을 밝게 만드는 힘이 있습니다. 게다가 그 힘은 오래 계속되며 때로는 몇십 년이 넘게 마음을 지탱해주며 미래를 바꾸기까지 합니다. 실제로 이런 사례가 있었습니다. 유명 소설가인 세리자와 고지로芹沢光治良 선생이 초등학교 교사로 일하던 시절이었습니다. 그 당시 초등학생들에게 장래희망을 물어보았다고 합니다. 선생은 아이들이 '박사가 되고 싶어요', '장관이 될 거예요' 하는 대답을 할 것이라고 생각했습니다.

그런데 한 아이가 이렇게 대답했다고 합니다. "채소가게를 할 거예요. 우리 집이 채소가게니까요." 꿈이 너무 작은 것 아니냐 며 같은 반 아이들은 웃었습니다. 하지만 세리자와 선생은 웃 지 않았습니다. 그 아이의 꿈을 인정하고 이렇게 말씀하셨습 니다. "오, 좋은 생각이구나! 마을에서 으뜸가는 채소가게 사장 님이 되렴!" 그 아이는 선생의 말에 아주 기뻐했습니다. 어른이 되어서도 잊지 않았다고 합니다. 그리고 정말로 그 마을에서 제일가는 채소가게 사장님이 되었습니다.

"선생님이 격려해주신 덕분입니다." 그가 훗날 세리자와 선생 에게 감사인사를 전하자, 선생은 "내가 그런 말을 했었나?" 하 며 기억이 나지 않는다는 듯이 말했다고 합니다. 이 이야기에 서도 알 수 있듯이 격려의 말을 들으면 생각지 못한 힘을 얻는 경우가 많습니다. 칭찬을 한 본인조차 잊어버린 그 한마디가 누군가의 인생을 바꿀 수도 있습니다. 그렇다면 운이 좋아지는 말을 한 번 더 정리해봅시다.

① 남을 배려하는 말은 운을 극적으로 바꿀 수 있다.

② 칭찬은 사람을 적극적으로 만들어서 사업의 운을 높여 준다.

③ 격려는 마음을 밝게 만들고, 그 사람의 평생 운을 좋게 해준다.

말과 운의 관계를 잘 이해하셨나요? 운을 높이려면 좋은 말을 사용해야 합니다. 이 요령을 부디 기억해주세요.

회사원이
노란색 양복을 입으면
안 되나요

　요즘은 인간관계로 고민하는 사람이 많습니다. 직장에서도 그렇지만, 취미 모임이나 동호회 등에서도 인간관계가 나빠져 어색해지거나 고립되어 괴로워하는 사람이 늘어나고 있습니다. 제 경험상, 인간관계가 원활하지 못한 이유는 커뮤니케이션에 있습니다. 그래서 이제부터는 커뮤니케이션으로 운을 트이게 방법에 관해서 구체적으로 이야기해보겠습니다.

　첫 번째로 소개할 커뮤니케이션 요령은 상대를 받아들이는 것입니다. 제가 이 요령을 깨달은 것은 어떤 사건 때문이었습니다. 지금으로부터 20여 년 전, 처음으로 개인 사무소를 갖게 되었을 무렵의 일입니다. 사무소에서 일할 직원으로 20대 초반의 남성을 채용했습니다. 그는 면접 때는 잘 몰랐는데 함께 일하다 보니 몹시 개성적인 사람이라는 것을 알 수 있었습니다. 출근 첫날에는 노란색의 화려한 정장을 입고 오기도 했습니다.

변호사 사무소의 사무직원 복장으로는 다소 비상식적이라고 생각해서 "조금 더 일반적인, 차분한 색의 정장을 입는 것이 어떻겠습니까?"라고 부탁했지만, 그는 화려한 정장을 포기하지 않았습니다. 두세 번 주의를 주었지만 끝내 바꾸려 하지 않아서 저는 화가 났습니다. '비상식적인 녀석이군. 왜 주의를 줘도 듣지 않는 거지?' 하고 생각했습니다.

만약 계속 주의를 줘도 복장을 바꾸지 않는다면 그만두게 해야겠다는 생각도 했습니다. 물론 그로서는 옷차림 때문에 직장을 잃는 것은 납득할 수 없을 것이고, 저 역시 해고라는 난폭한 일은 가능하면 하고 싶지 않았습니다. 하지만 비상식적인 복장을 허용하면 사무소의 평판에 좋지 않은 영향을 줄지도 모릅니다. 어쩔 수 없다고 생각하고 있었습니다. 그런데 이런 제 마음을 바꿔준 것은 당시 막 초등학생이 된 장남이었습니다.

어느 날, 저는 장남이 금붕어를 수조에 넣어 자기 방으로 가져가는 것을 지켜보고 있었습니다. 자기 방에서 계속 금붕어를 바라보는 어린 아들의 모습을 보던 중, 문득 깨달았습니다. '그 직원에게 노란색 정장은 저 아이의 금붕어와 같은 것이겠구나. 그 사람에게는 노란색 정장이 보물임에 틀림없어. 내가 그것을 몰랐을 뿐이지.'

아이에게 있어서 금붕어는 보물입니다. 그러니까 아무리 쳐다봐도 질리지 않겠지요. 하지만 제게 금붕어는 그렇게 소중한 존재가 아닙니다. 그 직원의 노란색 정장도 마찬가지입니다. 그에게는 보물과도 같지만 제가 그 소중함을 알 수는 없습니다. 만약 그렇다면 제가 아무리 노란 정장을 입고 오지 말라고 해도 그는 간단히 물러설 리가 없습니다. 오히려 자신의 소중한 옷을 인정해주지 않는 것에 화가 나겠지요.

노란색 정장을 계속 입고 오는 그의 기분을 겨우 이해했다고 생각한 다음 날, 저는 그에게 사과했습니다. "그 옷 그만 입으라고 말해서 미안했네. 자네에게는 소중한 옷일 텐데 말이야." 그러자 그는 기쁘다는 듯이 말했습니다. "선생님, 알아주셨군요!" 그 후, 그는 회사에 노란색 정장을 입고 오는 것을 스스로 그만두었습니다. 자신에게는 소중해도 업무와는 어울리지 않는다는 것을 이해한 듯했습니다.

그는 사무직 업무에 뛰어난 사람이었기에 그 후에도 정말 열심히 일했으며, 4년 후 개인 사정으로 원만하게 퇴직했습니다. 만약 그때 제가 그를 끝까지 이해하지 못하고 그만두게 했다면 나중에 터무니없는 원망을 샀을 것입니다. 퇴직을 두고 분쟁이 벌어졌을지도 모릅니다. 그랬다면 그가 근무한 4년 내내 안절부절못하며 불행한 시간을 보냈을 것입니다. 그의 노란색 정장을 인정했기에 그 시간을 행복하게 보낼 수 있었습니다. 그때 인정하길 참 잘했다고 생각합니다.

나그네의 외투를 벗기는 것은
바람이 아니라 태양이다

　사람에 따라 소중한 것은 다릅니다. 내게 가치 없는 것이라 해도, 다른 사람에게는 꽤 가치 있을 수도 있습니다. 인간관계에 있어서도 '쓸모없다'라고 정하고 나면 서로 마음의 문을 닫아버립니다. 그렇게 서로 마음을 열지 않으면 다툼이 일어나기 쉽습니다. 커뮤니케이션을 할 때는 우선 상대를 받아들이려는 마음이 필요합니다. 노란색 정장을 입은 사무원이 제게 이렇게 중요한 사실을 알려주었습니다.

　변호사라는 직업은 의뢰인과의 인간관계가 무엇보다 중요합니다. 그래서 저는 직업상 인간관계를 만드는 방법에 대해서는 오랫동안 지혜를 축적해올 수 있었습니다. 그 과정에서 인간관계를 원만하게 만드는 아주 간단한 요령을 발견했습니다. 그것은 '상대방을 있는 그대로 받아들이는 것'입니다. 노란 정장을 입던 직원과의 관계에서도 그랬듯이, 결국 원활한 커뮤니케이션을 위해서는 우선 상대를 받아들여야 합니다.

저는 그가 노란 정장을 입는 게 싫어서 입지 못하게 했습니다. 하지만 그 조언은 무용지물이었습니다. 효과는커녕 관계가 악화되어 사무소를 그만두게 해야겠다는 생각까지 하는 지경에 이르렀습니다. 그런데 '그 노란색 정장은 그의 소중한 물건'이라고 인정한 순간, 단번에 인간관계가 좋아졌습니다. 그리고 드디어 그는 노란색 정장을 사무소에 입고 오지 않게 되었습니다.

이는 북풍과 태양의 이야기와 같습니다. 북풍은 제 아무리 바람을 불어대도 나그네의 외투를 벗기지는 못했습니다. 오히려 태양이 나그네의 외투를 쉽게 벗겼습니다. 태양의 열기를 견디지 못한 나그네가 스스로 외투를 벗은 것입니다. 마찬가지로 상대에게 자신의 생각을 강요하지 말고, 우선 그 존재를 있는 그대로 인정하면 관계가 원만해집니다.

상대를 있는 그대로 인정하면 거기서부터 커뮤니케이션이 이루어지고 선순환이 이루어집니다. 어느 누구도 상대에게 자신과 같은 마음을 가지라고 강요해서는 안 됩니다. 그 직원도 제게 "노란색 정장을 보물이라고 생각하시오!"라고 말하지 않았습니다. 저는 노란색 정장의 좋은 점이나 소중함은 알 수 없습니다. 하지만 그에게 보물이니까 존중하자고 생각했던 것이지요.

세상에는 여러 유형의 사람이 있습니다. 개성적인 복장이나 외모를 자랑스러워하는 사람도 꽤 있습니다. 이를 비상식적이라거나 보기 흉하다는 이유로 부정하거나 바보 취급한다면 그는 반드시 반발할 것입니다. 자신이 소중하게 여기는 것을 무시당하고도 기뻐하는 사람은 없습니다. 커뮤니케이션은 상대방을 온전히 인정하는 데서 시작됩니다. 이것이 제가 오랫동안 변호사로 일하면서 원만한 인간관계를 유지해온 비결입니다.

그냥 상대의 이야기를
잘 들어주기만 해도 된다

저는 '생명의전화' 상담원으로 10년 정도 일했습니다. 덕분에 몇 가지 커뮤니케이션 비결을 배웠습니다. '생명의전화'는 소정의 훈련을 받은 자원봉사 상담원이 24시간 대기해서 전화 상담을 통해 인생 문제를 해결해주는 사회봉사 운동입니다. 특히 자살 직전까지 내몰린 사람이 지푸라기라도 잡는 심정으로 상담을 요청하기 때문에 평상시의 마음으로는 상담을 할 수 없습니다. 하지만 지나치게 열심히 상담하는 것도 역효과를 가져오므로 어깨에 힘을 빼고 능숙하게 상담하는 요령이 필요합니다. 그 요령 중 한 가지가 '가능하면 조용히 상대방의 이야기를 듣는 것'입니다.

　제가 좋은 상담자의 요령을 알게 된 것은 너무나 뜻밖의 계기에서 비롯된 것입니다. 저는 주로 업무로 피곤해서 녹초가 된 밤에 상담 전화를 받았습니다. 그런데 오히려 그런 상황이 좋은 결과를 가져왔습니다. 그날 밤에도 제게 전화를 걸어온 사람들은 모두 "정말 감사합니다. 잘 알겠습니다" 하면서 만족스럽게 전화를 끊었습니다. 솔직히 자백하자면, 저는 전화 상담 때 거의 아무 말도 하지 않았습니다. 몸과 마음 모두 지쳐서 "아, 그러셨군요?"라든가 "그렇군요"와 같이 그냥 맞장구를 치는 말만 했습니다. 그런데 그게 좋았던 것 같습니다.

　처음에는 신기해서 어쩔 줄 몰랐는데 며칠 동안 곰곰이 생각하는 사이에 그 이유를 깨달았습니다. 그냥 묵묵히 이야기를 들어주는 것이 중요했던 것입니다. 누군가 자신의 신상에 관한 심각한 내용을 상담하려고 하면 듣는 사람은 열심히 생각합니다. 그래서 조금이라도 도움이 되는 해결책이나 조언을 하고 싶어지지요. 하지만 어려움에 처해서 상담을 요청한 사람이 원하는 것은 그런 것이 아닙니다. 그들은 단지 자신의 이야기를 들어주길 바랍니다. 이것이 고민에 빠진 사람에게 가장 절실한 부분인 것이지요.

당시 저는 몹시 피곤해서 변변한 대답도 하지 못했기에 오히려 상담을 원하는 사람들의 이야기를 충분히 들어주는 결과를 낳았습니다. 상대의 이야기를 들어준다는 것은 '온전히 상대를 받아들이는 것'을 의미합니다. 그냥 이야기를 들어주세요. 원만한 인간관계를 만드는 더할 나위 없이 좋은 이 비결을 저는 '생명의전화'를 통해 배웠습니다.

캐치볼 게임처럼
공을 주고받듯 대화하라

원만한 인간관계는 커뮤니케이션을 통해 만들 수 있습니다. 저 같은 변호사뿐 아니라 직업상 혹은 상황상 커뮤니케이션이 중요한 사람들은 많습니다. 예를 들어 사교클럽의 사장에게는 커뮤니케이션이 일의 대부분이라고 말해도 좋을 정도로 중요하지요. 커뮤니케이션이 잘된 손님은 또 가게를 찾아오기 때문입니다.

오사카의 대표적인 번화가인 기타신치에는 아주 유명한 사교클럽이 있었습니다. 그 클럽의 사장은 얼굴이나 스타일은 평범했지만 커뮤니케이션 능력이 남달리 뛰어났습니다. 저도 업무상 그 가게에 가서 그녀가 일하는 모습을 볼 기회가 있었습니다. 역시나 손님의 이야기를 정말 잘 들어주고 있었습니다.

'생명의전화'에서 제가 상담을 할 때처럼, 그녀는 손님의 이야기에 맞장구를 치면서 한결같이 듣고만 있었습니다. 저는 그 모습을 보면서 역시 '온전히 상대를 받아들이는 것이 커뮤니케이션의 비결이구나' 하고 확신했습니다. 하지만 어떻게 하면 온전히 상대를 받아들일 수 있을까요? 구체적인 방법을 한 가지 알려드리겠습니다. 그것은 '앵무새 말하기'입니다.

상대가 "마침 비가 와서 말이야" 하고 말하면 이쪽도 "비가 왔어?" 하고 대답합니다. "곤란하네" 하고 말하면 "그러게 말이야"라고 대답합니다. 마치 야구의 캐치볼과 같습니다. 공을 받으면 다시 공을 그대로 던집니다. 그대로 볼이 몇 번이나 왔다 갔다 합니다. 하지만 저쪽에서 공을 던졌는데 방망이를 던진다면 어떻게 될까요? "뭐 하는 거야? 위험하잖아!" 하고 분명 싸움이 일어날 것입니다.

공을 받으면 다시 공을 던져야 합니다. 커뮤니케이션의 비결은 캐치볼과 같습니다. 실로 간단합니다. 하지만 나이를 먹거나 세상의 상식에서 벗어나 있다면 이것은 의외로 어렵습니다. '생명의전화' 상담원으로서 변호사나 교사는 그다지 선호되지 않는다고 합니다. 왜냐하면 그러한 직업을 가진 사람은 어떻게든 상대에게 무언가를 가르치려고 하기 때문입니다. 그래서 오히려 20대 학생을 선호합니다. 사회 경험이 적어서 상대방의 말을 열심히 들으려고 하기 때문이지요. 제가 '생명의전화' 상담원이 된 것은 50세쯤이었는데 이는 아주 드문 경우였다고 합니다.

부부라도 그렇지 않을까요? 상대의 이야기를 제대로 듣지 않고 대답할 때 쓸데없는 말을 덧붙이니까 커뮤니케이션이 엉망이 되는 것입니다. "오늘 꽃놀이를 다녀왔어" 하고 부인이 말했는데 "한가해서 좋겠네"라면서 쓸데없는 내용을 덧붙이면 싸우게 됩니다. 혹은 "그게 어쨌다고? 나 피곤해" 하고 딴소리를 해도 대화가 단절됩니다. 그러다보면 부부의 대화는 거의 없어지고 외로운 관계가 되는 것입니다.

이처럼 커뮤니케이션에 문제가 생기는 이유는 부인의 말을 그대로 받아들이지 않고 쓸데없는 대답을 하기 때문입니다. "오, 그래? 꽃놀이 다녀왔구나" 하고 상대의 말을 그대로 되돌려주면 됩니다. 그러면 "꽃이 예뻤어" 하고 대화가 이어집니다. "꽃이 예뻤구나" 하고 또 그대로 대답하면, "그런데 말이야, 갑자기 A씨를 만났는데 말이지" 하고 부인이 기분 좋게 이야기를 계속할 것입니다. 남편은 그것을 들으면서 부인의 하루를 알 수 있고 부인의 기분도 그대로 느낄 수 있지요. 그러는 사이에 자연스럽게 마음이 통하는 것입니다.

'꽃놀이'라는 말을 들으면 '꽃놀이'라고 대답합니다. '예쁘다'라는 말을 들으면 '예쁘다'라고 대답합니다. 커뮤니케이션은 받은 공을 그대로 다시 던지는 것과 같습니다. 저는 그렇게 생각합니다.

불가능해 보이는 제안에도
"좋네요"라고 대답하라

　일반인도 폭넓게 참가하고 있는 '오사카PHP친우회'라는 모임이 있습니다. 제가 회장을 맡은 이 모임에는 경영자만으로 이루어진 소모임도 있습니다. 그 모임에는 20대부터 40대의 젊은 경영자가 많고 꽤 활발하게 활동하고 있습니다. 최근 일본에서는 각종 사회 활동이나 세미나에 젊은이의 참가가 적은데 왜 이 모임은 잘되고 있는지 궁금했습니다. 그러던 어느 날 이유를 알게 되었습니다. 한 여성의 존재 때문이었습니다.

　그 여성은 모임의 회장인 무라카미 아케미 씨입니다. 그녀의 태도를 보면 몹시 대범한 성격이라는 것을 알 수 있습니다. 젊은 사람들의 제안에는 다소 받아들이기 힘든 것이 많은데도 그녀는 그것을 전부 인정합니다. 현실적으로 불가능하다고 생각되는 제안도 우선 "좋네요"라고 말해줍니다. 이것이 모임을 활성화시킨 비결이었습니다.

젊은이들은 경험이 적어서 자신감이 별로 없습니다. 그들 앞에서 선배들이 "그건 무리야. 현실을 잘 모르니까 그런 말을 하는 거지" 하고 무조건 부정해버리면 젊은이들은 위축되어 의견도 제대로 내지 못하게 됩니다. 그러다 보면 모임이나 활동에 무관심해집니다. 그것보다는 "좋네요" 하고 인정해주고 우선 시켜봅니다. 온갖 고생을 하는 사이에 스스로 깨닫게 되거나 의외로 실현해내는 경우도 있습니다. 자연스럽게 좋은 공부가 되고 새로운 길을 개척할 기회도 늘어납니다.

믿어주는 것. 이것이 상대의 운을 좋게 하는 요령 중 하나입니다. 그리고 가까운 사람의 운이 좋아지면, 자신의 운도 좋아집니다. 젊은이들의 활기가 사라지고 있는 시대입니다. 제대로 된 커뮤니케이션을 통해 좋은 운을 불러들이고 싶다면 부디 이 요령을 기억했으면 합니다.

디지털 시대 커뮤니케이션에서
더 빛나는 손글씨

　말하는 요령에 이어 이제부터는 글로 쓰는 언어, 즉 엽서나 편지 쓰기에 관해 이야기해봅시다. 요즘에는 엽서나 편지를 보내는 대신 이메일을 활용해서 커뮤니케이션합니다. 손글씨로 엽서나 편지를 쓰는 사람을 찾기 어려울 정도인데 이는 정말 안타까운 일입니다. 왜냐하면 엽서나 편지글에는 좋은 운을 부르는 효과가 있기 때문입니다.

　저는 연간 2만 장 정도의 엽서를 보내고 있습니다. 거짓말이나 과장이 아닙니다. 한 번이라도 만난 사람에게는 꼭 엽서를 보내고 있기에 그 정도 양의 엽서를 쓸 수 있는 것입니다. '2만 장이나 쓰려면 얼마나 힘들까?' 하고 생각하시겠지만, 익숙해지면 그렇게 힘들지 않습니다. 지금도 매년 연하장과 안부인사 용도로 각각 1만 장씩 쓰고 있습니다. 제가 왜 이런 일을 하고 있을까요? 손으로 직접 쓴 엽서는 마음과 마음을 이어준다고 생각하기 때문입니다. 사실 엽서를 잔뜩 보낸 후부터 제 일의 범위도 점점 넓어지고 있습니다.

마음이 이어지면 결과적으로 그 사람이 운을 가져다줍니다. 엽서는 마음을 이어줍니다. 그러니까 운을 부르는 방법이 되는 것이지요. 특히 상대방이 슬플 때나 괴로울 때 엽서를 통해서 기운을 북돋아주거나 걱정해주면 정말 큰 도움이 됩니다. 저는 1년에 상중喪中 엽서를 300장 정도 받는데 이에 대해 조의를 표할 때는 꼭 편지나 엽서로 전하고 있습니다. 그러면 유족으로부터 감사의 전화나 편지를 받기도 합니다. 제 마음이 전해졌기 때문이지요.

"슬플 때, 격려의 편지를 받아 힘을 냈습니다." 이런 말을 들으면 편지 쓰길 참 잘했다는 생각이 듭니다. 그중에는 "니시나카 씨를 평생 잊지 않겠습니다"라고까지 말씀하신 분도 계셨습니다. 소중한 사람을 잃은 슬픔으로 힘이 들 때, 누군가의 진심어린 염려와 격려를 받으면 마음을 다잡는 데 도움이 되는 것입니다.

　힘든 사람에게 위로의 엽서를 보내보세요. 참고로 엽서는 손으로 써야 한다는 것이 저의 지론입니다. 저는 평소에 컴퓨터를 쓰지 않습니다. 아날로그형 인간이라서 요즘의 디지털 방식보다는 아날로그 방식에 익숙합니다. 그래서 편지나 엽서도 손으로 쓰고 있습니다. 손으로 쓰는 것은 귀찮은 일 같지만 좋은 점이 많습니다. 무엇보다도 편지나 엽서로 좋은 운을 부르려면 컴퓨터보다 손을 사용해서 글을 쓰는 쪽이 좋습니다. 신기한 일이지만 같은 내용의 문장이라도 컴퓨터로 친 문장에는 별로 마음이 움직이지 않는데, 손으로 쓴 문장을 읽으면 묘하게 감동받는 일이 있습니다. 실제로 컴퓨터보다 손으로 쓴 엽서를 받으면 훨씬 더 차분하게 읽을 수 있다고 합니다. 좋은 운을 부르려면 손으로 직접 글을 쓰세요. 부디 기억해주세요.

편지나 엽서는
절대 잊혀지지 않는다

　변호사를 찾아오는 사람들은 대개 다양한 다툼거리를 안고 있습니다. 도산 처리, 유산 상속 분쟁, 이혼 등의 문제로 누군가와 다투고 있는 사람들이지요. 이들은 행복하다고는 말할 수 없는 상황에 처해 있습니다. 간혹 분쟁이 아닌 다른 법률 상담 때문에 찾아오는 사람도 있습니다. 그중에는 회사 경영자도 있고 그런대로 행복한 상태에 있는 사람도 있습니다.

　행복한 사람과 불행한 사람은 무엇이 다른 걸까요? 엽서 쓰기의 대가인 사카타 미치노부 씨는 이렇게 말했습니다. "인생의 행복과 불행은 친구가 몇 명인가로 결정되고, 친구의 수를 헤아리는 척도가 연하장 수이다." 저는 사무소에 상담을 위해 찾아오는 사람이 어느 정도 엽서를 보내고 있는지 조사한 적이 있습니다. 그러자 분쟁을 안고 있는 사람들은 그렇지 않은 사람에 비해 엽서를 보내는 수가 적다는 것을 알 수 있었습니다.

또 사장이 보내는 연하장의 수가 많을수록 회사 경영은 안정적이고, 적으면 적을수록 회사에는 문제가 발생하는 경우가 많았습니다. 연하장을 극단적으로 적게 보내는 회사는 대부분 몇 년 안에 도산하기도 했습니다. 역시 엽서를 보내는 수는 운이 좋고 나쁨과 관계가 있는 것 같습니다. 실제로 엽서는 운을 불러옵니다.

예전에 제게 일을 의뢰했던 어떤 분은 20년도 전에 제가 보낸 연하장을 갖고 있었습니다. "그 연하장 문구에 감동했어요" 하면서 제가 사용한 아이다 미쓰오相田みつを의 시 한 구절을 보여주었습니다. 그분은 연하장 때문에 저를 기억해준 것입니다. 진정한 실력과 운은 사람의 마음을 잘 읽어내고 마음과 마음

을 얼마나 이어갈 수 있는가로 결정되는 것인지도 모릅니다. 엽서는 마음을 이어주기 때문에 운의 척도가 되는 것이겠지요. 사업번창을 바란다면 엽서를 많이 보내세요. 꼭 한번 시험해보세요. 자, 그러면 엽서나 편지를 쓰는 요령을 다시 정리해봅시다.

① 힘든 사람에게는 위로의 엽서를 보내자.
② 좋은 운을 부르려면 손으로 직접 글을 써라.
③ 사업 번창을 바란다면 엽서를 많이 보내라.

이 요령을 잘 실행해서 엽서나 편지로 좋은 운이 트이기를 바랍니다. 한 장의 엽서가 당신에게 행운을 가져다주는 열쇠가 될지도 모르니까요. 물론 요즘은 이메일이나 문자메시지로 공손하게 마음을 전하는 것도 방법이겠지요.

캐치볼 커뮤니케이션

니시나카 변호사가 말하는 캐치볼 커뮤니케이션은 앵무새처럼 상대의 말을 따라
해주고 그대로 돌려주는 것이다.

상대가 "마침 비가 와서 말이야"라고 말하면, 이쪽도 "비가 왔어?"라고 대답하고,
"곤란하네"라고 말하면 "그러게 말이야"라고 대답하는 것이다. 마치 공을 받으면
다시 공을 그대로 던지는 야구의 캐치볼과 같다. 공이 몇 번이나 똑같이 왔다갔다
하는 것 같지만, 그 위력은 대단히 크다. 만약 저쪽에서 공을 던졌는데 방망이를 던
진다면 어떻게 될까? 싸움이 일어날 것이다. 공을 받으면 다시 공을 던지는 것이 바
로 다툼없이 화합하고 결국 운으로 연결되는 커뮤니케이션의 비결이다.

아내가 "오늘 꽃놀이 다녀왔어"라고 말하는데 "한가해서 좋겠네"라고 대답해버리
면 부부간의 대화는 사라질 것이다. "오. 그래? 꽃놀이 다녀왔구나"라고 상대방의
말을 그대로 되돌려주면, 꽃놀이에 대한 아름다운 대화가 이어지게 된다.

좋은 커뮤니케이션은 다툼이 일어나지 않게 하며, 서로를 더 이해하게 하는 길이다.
그런 이해 속에서 서로에게 좋은 운이 이어지게 된다.

6장

운이 좋아지는 삶은

더 큰 운을

만든다

선행도 지위나 보수를 받으면
'플러스 마이너스 제로'다

좋은 운을 부르기 위해서는 선행을 쌓아야 합니다. 물론 선행을 쌓는 것은 상당히 어려운 일이지요. 회사원의 경우 힘들게 일을 해서 세상에 도움이 되는 것 자체는 선행이지만, 월급을 받고 있으니까 결국 진정한 선행을 쌓아올렸다고 할 수는 없습니다. 학자도 세상을 발전시킬 중요한 발견을 어렵게 완수한 것 자체는 훌륭한 선행이지만, 이로 인해 학위나 지위를 얻거나 보수를 받으면 그 역시 '플러스 마이너스 제로'가 됩니다.

사업가도 마찬가지입니다. 사활을 건 노력으로 세상에 도움이 될 정도로 회사를 키웠다 해도, 큰 재산을 얻었기 때문에 그 역시 선행을 쌓은 것은 아닙니다. 사실 인간이 살아가는 동안 아무리 선행을 쌓는다 해도 한편으로는 많은 사람에게 은혜를 입었기 때문에 가능한 것입니다. 이것은 '플러스 마이너스 제로'라기보다는 오히려 마이너스, 즉 '선행을 빌린 상태'라고 할 수 있습니다.

좋은 운을 부르기 위해 선행을 쌓아야 한다는 진리는 누구나 알고 있지만 실천하기는 어려운 일입니다. 『수신교수록』에는 이런 말이 실려 있습니다. '남보다 1.5배 더 일하고 심지어 보수는 보통 사람의 2할 정도 덜 받아도 만족한다는 기준을 수립할 것.' 이는 수고를 적게 하고 얼마나 더 많은 이득을 볼 것인가를 중요시하는 현대 사회의 상식과는 정반대의 생각입니다. 하지만 저는 이것이야말로 진정한 의미의 선행이라고 생각합니다.

'하늘의 창고'라는 것이 있습니다. 이는 '100만큼 일하고 80의 보수를 요구하고, 나머지 20은 다른 사람에게 보내라. 그러면 하늘이 그것을 지켜보다가 하늘에 있는 창고에 20을 저축한다. 하늘 창고에 저축한 것이 많을수록 하늘은 기뻐하며 그 사람의 우방이 되어줄 것이다'라는 의미입니다. 많이 일하되 적게 취하면, 다른 사람의 감사를 받을 뿐만 아니라 운까지 좋아진다는 것입니다. 여기서 말하는 '하늘'은 '우주'나 '신'과도 바꿀 수 있습니다. 저도 이처럼 매일 적극적으로 선행을 쌓아 운 좋은 인생을 살고 싶습니다. 선을 쌓는 일에 관한 또 다른 이야기가 있습니다.

옛날 옛적에 운곡선사가 원요범이라는 자에게 이렇게 말했습니다. "우리가 행하는 어떤 작은 것이라도 모두 우주에 그대로 기록된단다. 그러니 좋은 일을 하면 좋은 보답을, 나쁜 일을 하면 그에 상응하는 응보를 받게 되는 거지. 운명은 그 사람의 선악에 따라 어떻게든지 변할 수 있어. 모든 행복을 만드는 원천은 자신의 마음에 있으니까. 선한 덕을 쌓으면 반드시 운명이 바뀌게 된다네. 『역경』이라는 책에 '선을 쌓는 집에는 반드시 좋은 일이 있다'라고 쓰여 있는 것처럼 말이야. 그러니 우선 3천 개의 선행을 목표로 해서 실천해보게나."

이 말을 들은 원요범은 3천 개가 넘는 선행을 했습니다. 그 후 아주 어려운 진사시험에 합격하는 등 좋은 일들이 차례로 생겼다고 합니다. 이는 400년도 더 된 옛날 이야기지만 지금 우리에게도 큰 교훈을 주고 있습니다.

남을 위한 일일수록
더 기쁜 마음으로 하라

불행을 바라는 사람은 없을 것입니다. 좋은 운은 누구나 바라는 것입니다. 그렇다면 어떻게 해야 운이 좋아질까요? 제 경험으로는 아무래도 운은 평소의 행동과 관계가 있는 것 같습니다. 왜냐하면 운이 좋은 사람의 태도에는 공통점이 있기 때문입니다. 운이 좋은 사람은 '남에게 도움을 준다', '하늘이 돕는다'라는 공통점이 있습니다.

사업에 성공한 사람 중에서 '저 사람은 항상 운이 좋아'라고 생각한 사람이 있습니다. 그 사람의 권유를 받아서 도덕과학

합숙에 참여했을 때의 일입니다. 저는 아침식사 당번이 되었습니다. 그래서 다른 사람보다 두 시간이나 일찍 일어나서 식사 준비를 해야 했는데, 당시에는 그게 불만스러웠습니다. 그런데 합숙 중 강의에서 남에게 도움을 주는 일의 의미에 대해 배우고 난 후, 마음이 바뀌었습니다. 다음 날 아침부터는 오히려 기쁘게 식사 당번을 맡을 수 있었습니다.

일을 할 때는 남에게도 도움이 된다는 생각을 하면서 해야 합니다. 그러면 힘든 일도 더 이상 하기 싫지 않고 스트레스도 몹시 줄어들지요. 기쁘게 일하면 일의 효율도 오릅니다. 주위 사람들이 기뻐하니 나도 기쁘고, 점점 더 다른 사람에게 도움이 되고 싶다는 생각을 하게 됩니다. 이런 선순환을 경험하고 나면 일이 잘 풀릴 뿐 아니라 주변의 협력도 얻을 수 있습니다. 다른 사람에게 도움을 주세요. 신이 당신에게 행운을 내려줄 것입니다. 부디 제 말을 잊지 마세요.

작은 쓰레기 하나가
쓰레기 더미를 만든다

　오사카PHP친우회의 회장을 맡고 있는 저는 정례회를 시작
하기 전에 그 장소 가까이에 있는 도로의 쓰레기를 줍습니다.
약 1km 정도 되는 그 길에 버려진 쓰레기를 줍던 어느 날 '쓰
레기는 항상 똑같은 자리에 버려져 있다'는 사실을 발견하게
되었습니다. 왜 그럴까요?

　제일 먼저 누군가 한 명이 쓰레기를 버립니다. 쓰레기가 버려
져 있으니까 다른 사람도 그 자리에는 쓰레기를 버려도 된다고
생각하고 또 버립니다. 그렇게 점점 그 장소에 쓰레기가 늘어

나는 것입니다. 만약 거리의 쓰레기를 줄이고 싶다면 누군가가 빨리 쓰레기를 주우면 됩니다. 쓰레기가 떨어져 있으면 그곳은 쓰레기를 버리기 쉬운 장소가 되지만, 쓰레기가 없으면 누구든 쉽게 쓰레기를 버릴 수 없는 곳이 됩니다.

실제로 뉴욕에서는 쓰레기나 담배꽁초를 주워 거리를 청결하게 한 지역의 범죄율이 감소했다고 합니다. 이처럼 부정적인 일을 줄이고 싶다면, 그 시작이 되는 첫 번째 행위를 하지 않아야 합니다. 이것이 비결입니다. 제가 쓰레기를 줍기 시작한 후부터 그 도로에는 쓰레기가 줄기 시작했습니다. 애초에 제가 쓰레기를 줍기 시작한 것은 자신을 가장 낮은 장소에 두는 수행, 즉 '하좌행下坐行'을 위해서였습니다.

하좌행이란 덕을 닦으려고 일부러 자신을 낮은 장소에 두는 수행을 말합니다. 본래 내가 할 필요가 없거나, 남이 하기 싫어하는 일을 하다보면 여러 가지를 몸으로 익힐 수 있습니다. 지금까지 남들이 모두 하기 싫어하는 일을 해온 사람의 어려움을 알 수 있습니다. 다음으로 그 사람에게 감사하는 마음이 생깁니다. 그리고 오만한 마음이 사라져 자연스럽게 겸손해집니다. 이렇게 하좌행을 하면 인격을 갈고닦게 되는 것입니다.

제가 쓰레기를 줍는 것도 인격을 조금이라도 갈고닦고 싶다는 마음에서 시작한 것입니다. 쓰레기를 좋아하는 사람은 없지요. 그러니 쓰레기를 줍는 게 좋은 사람도 없을 겁니다. 하지만 누군가는 해야 합니다. 그 누군가가 하기를 기다리지 말고 내가 먼저 하면 됩니다. 저는 실제로 그것을 실천하면서 많은 것을 깨닫게 되었습니다.

저도 쓰레기를 줍고 나서야 겨우 깨달았습니다. '지금까지 내가 모르는 누군가가 이 일을 해주었구나' 하고 말이죠. 제가 쓰레기를 줍는 것은 이제까지 그 일을 해준 사람에 대한 보답입니다. 뿐만 아니라 쓰레기를 다 주우면 도로가 깨끗해져서 내마음도 말끔해집니다. 결국 쓰레기를 줍는 것은 나를 위한 일이었다는 사실을 깨닫게 됩니다.

사회에 도움이 되는 기업은
운이 오래간다

저는 에토스법률사무소에 소속되어 있습니다. 이 사무소를 설립한 것은 요시이 아키라 변호사로, 저는 요시이 선생님의 권유를 받아 함께 일하게 되었습니다. 에토스법률사무소의 '에토스'는 그리스어로 '윤리'라는 의미입니다. 저는 의뢰인에게 사무소 이름을 이렇게 설명하고 있습니다. "여러분에게 좋은 토스를, 좋은 토스를 올릴 거니까 에토스입니다." 좋은 토스라는 뜻의 일본어 '이이토스ぃぃとす'를 오사카 사투리로 말하면 '에토스ぇとす'라고 발음됩니다. 그래서 의뢰인들이 그 의미를 알아주지 않을까 해서 이런 말장난을 하고 있는데 거기에 담긴 의미는 요시이 선생님의 마음과 같습니다.

에토스법률사무소는 요시이 선생님의 이타정신으로 운영되고 있는데, 안타깝게도 요시이 선생님은 지난 2014년에 돌아가셨습니다. 법률사무소는 창업자가 별세하면 경영이 잘 안 되는 사례가 많다고 합니다. 그래서 '에토스는 언제까지 버틸까?' 하는 소문도 있었지만, 그 후로 2년 이상 지난 지금도 사무소 경영은 순조롭습니다. 이는 요시이 선생님이 돌아가신 지금도 선생님이 남겨주신 이타정신을 경영에 제대로 활용하고 있기 때문입니다.

그 사례 중 하나가 사무소 빌딩 1층에 있는 무료 개방 공간 '에토스 스테이션'입니다. 오사카의 노른자위 땅에서도 큰 대로변에 있는 약 40평짜리 공간을 에토스법률사무소가 빌려서 불특정 다수에게 무료로 대여하는 것입니다. 이것은 요시이 선생님의 제안으로 시작된 일입니다. 이벤트 공간을 무료로 개방해서 조금이라도 사회에 도움이 되자는 의도였습니다. 시작한 지 벌써 5년 정도가 지났으니 단순히 그 공간을 빌리는 데 든 비용만 해도 수천만 엔입니다.

이러한 공익활동에는 '에토스법률사무소가 손익만을 목적으로 존재하는 것이 아니다'라는 요시이 선생님의 정신이 담겨 있습니다. 저는 이런 정신에 공감하여 에토스법률사무소에서 함께 일하게 되었고, 미력하나마 이 무료 공간 운영에 협력한다는 마음과 함께 하좌행 차원에서 매일 실내 청소를 하고 있습니다. 요시이 선생님이 돌아가신 후에도 에토스 정신은 변하지 않았으며, 무료 공간도 여전히 개방하고 있습니다. 이것이 결과적으로 법률사무소의 경영에도 좋은 영향을 주고 있다는 생각이 듭니다.

"그렇군, 무료 공간 운영을 아직도 계속하고 있다니. 요시이 변호사가 세상을 떠났어도 사무소의 방침은 변하지 않은 것 같군." "일부러 임대료를 내면서까지 빌린 공간을 일반인에게 무료로 개방하다니, 사회에 공헌하겠다는 게 말뿐만은 아니었군. 이런 법률사무소라면 믿을 수 있겠어." 의도한 것은 아니지만, 의뢰인들에게 이런 믿음을 주는 것은 일종의 광고 효과도 있는 것 같습니다. 이처럼 요시이 선생님은 돌아가셨지만, 선생님이 남겨주신 정신 덕분에 에토스법률사무소는 지금까지도 순조롭게 운영되고 있습니다.

소송을 막는 변호사가
좋은 변호사다

저는 아무래도 변호사치고는 괴짜인 듯합니다. 가끔 '이상한 변호사네요'라는 말도 듣곤 합니다. 그러고 보니 확실히 일반적인 변호사와 다른 일을 하고 있구나 하는 생각이 듭니다. 예를 들어, 제게는 "남편의 바람기를 잡고 싶어요" 하고 상담하러 오는 의뢰자가 자주 있습니다. 물론 이혼 상담은 변호사의 일입니다. 하지만 제게는 주로 이런 이유로 상담을 요청해옵니다. "남편이 바람을 피워서 너무 힘들어요. 이혼은 하고 싶지 않은데 그만두게 할 방법이 없을까요?"

이런 상담을 할 때 저는 주로 "그렇군요" 하고 맞장구를 치면서 이야기를 듣습니다. 당연하다고 생각해서 저도 모르게 맞장구를 쳤는데, 생각해보니 변호사의 일이치고는 꽤 이상합니다. 왜냐하면 이 사람은 '이혼은 하고 싶지 않다'라고 말하기 때문입니다. 이혼하지 않을 거니까 당연히 이혼 소송도 손해배상 청구도 하지 않을 테니 굳이 변호사가 나설 일이 아닙니다.

원래 변호사의 일이란 법률 문제의 해결이니까요. 그러니 "남편이 바람피는 것을 그만두게 해주세요"라고 말하는 의뢰인에게 "그렇다면 말이죠……" 하고 상담을 해주는 변호사는 제가 생각해도 이상한 변호사임에 틀림없습니다. 이는 법률 상담이 아니라 인생 상담인데 어느새 이런 일이 종종 벌어지고 있습니다. "니시나카 변호사님이라면 어떻게든 해주실 것 같아서요." 이혼 상담 때문에 오는 분 중에는 제게 이렇게 말한 경우도 있었습니다. 의뢰하러 오는 사람에게 저는 일종의 해결사인 것이지요.

처음 사무소를 방문하는 이들 중 부부 사이에 문제가 있어 오는 사람은 오로지 이혼 문제를 상담하러 왔습니다. '남편이 바람을 피우는 것 같은데 때에 따라서는 이혼도 생각하고 있다.' 이런 상담 말입니다. 그러면 보통 변호사들은 의뢰인에게 배우자가 바람을 피우고 있는지 어떻게 확신하는지 묻고, 확실하다는 증거가 확보되면 상대 배우자에게 경고장을 들이미는 경우도 있습니다. "당신이 불륜을 저지르고 있다는 것을 알고 있습니다. 여기에 이런 증거가 있지요. 지금 당장 그만두시는 편이 좋습니다. 그렇지 않으면 손해배상 청구를 당하게 될 거니까요." 이렇게 경고했는데도 바람피우는 일을 그만두지 않는다면 이혼을 요구하고, 배우자가 거부한다면 이혼 소송까지 진행합니다. 이것이 일반적인 변호사의 업무입니다.

하지만 저는 다른 방향으로 일을 처리하고 맙니다. 이혼하고 싶다는 부인이 오면 이렇게 말합니다. "이혼해서 좋은 일은 없어요. 우선 남편의 불륜을 멈추게 하는 게 좋습니다." 그러면 상담하러 온 사람도 "방법이 있다면 그렇게 할게요" 하고 솔깃해하는 경우가 많지요. 이런 일을 반복하고 있으니 "니시나카 변호사님이라면 어떻게든 해주실 거야" 하고 배우자의 불륜을 그만두게 하는 방법을 찾는 인생 상담을 청하는 사람이 많아질 수밖에 없습니다.

"일부러 돈도 되지 않는 쪽으로 이야기를 끌어가다니 당신도 참 이상한 변호사야." 동료들에게는 이런 이야기를 자주 듣습니다. 당연한 말입니다. 변호사는 이혼 소송이나 위자료 청구 등의 문제가 발생해야 보수가 생기기 때문입니다. 하지만 저는 여전히 "부부 사이가 좋아져서 원만하게 해결된다면 그걸로 됐지, 뭐" 하면서 기꺼이 인생 상담을 해주고 있습니다.

이혼은 불행의 시작이 되는 경우가 많습니다. 소송을 하게 되면 오랫동안 함께 생활해온 서로를 공격하고 힐난하기 때문에 기분이 좋을 리가 없습니다. '부부로 살아온 그 세월은 무엇이었나' 하는 허무한 생각을 갖게 되고 결과적으로 마음에 큰 상처가 남습니다. 게다가 제 경험상, 이혼도 일종의 다툼이라서 역시 운이 나빠지는 경우가 많습니다. 그래서 저는 이혼하고 싶다는 의뢰인이 찾아오면, 우선 마음을 돌리도록 권하고 있습니다. 돈이 되지 않더라도 다툼을 줄이고 조금이라도 행복한 삶을 사는 데 도움이 된다면, 이보다 좋은 일은 없을 테니 저는 만족합니다.

팔리지 않는 그림만
골라서 사는 이유

저는 그림을 잔뜩 가지고 있습니다. 에토스법률사무소에서 일하게 된 후 옛 사무소는 창고로 쓰고 있는데 거기에 많은 그림이 있습니다. 그림이 많긴 하지만 특별히 그림을 모으는 취미가 있는 건 아닙니다. 제가 수집한 그림의 가격이 언젠가 오르기를 기대하는 것도 아닙니다. 솔직히 말하면 그림을 특별히 좋아하는 것도 아니고 잘 아는 것도 아닙니다.

그런데 왜 그림을 모으게 되었을까요? 지인이 전시회 초대장을 자주 보내주기 때문입니다. 초대장을 받고 가지 않으면 뭔가 미안한 기분이 들어서 참석하고 있는데, 잘 모르는 화가의 개인전에 갈 때도 있습니다. 세간에 알려지지 않은 무명 화가의 경우, 전시회장에 걸려 있는 대부분의 그림이 팔리지 않습니다. 저는 주로 그런 작가의 개인전이 열리는 마지막 날에 가는데, 그림이 팔렸음을 나타내는 붉은 마크가 붙은 그림이 거의 없으면 괜히 제 마음이 쓸쓸해집니다.

화가 본인은 더 쓸쓸하겠지요. 그런 생각을 하다보니 무슨 그림이라도 사는 게 좋을 것 같아서 수만 엔 정도 하는 그림을 사기로 했습니다. 저는 골프를 치지 않고 도박도 하지 않습니다. 고급 술집에 다닐 마음도 없고, 취미가 없는 사람이라서 약간의 금전적 여유가 있습니다. 그 돈으로 누군가를 기쁘게 해준다면 그것도 좋은 일이라고 생각한 것이지요.

개인전이 열리는 동안 그림이 열 점이나 팔렸다면 한 점 더 팔린다고 해서 기분이 특별히 더 좋아지지는 않겠지만, 한두 점밖에 팔리지 않았을 때 제가 한 점이라도 사주면 화가는 아주 기뻐할 것입니다. '남이 기뻐할 일을 하자.' 이것은 제 삶의 원칙 중 하나입니다. 그림이 취미도 아닌 제가 그림을 사는 것도 바로 이 때문입니다.

저는 그림은 잘 모르지만, 세상에는 그림을 보는 것으로 마음을 달래는 사람이 많습니다. 만약 제가 산 그림을 그린 화가가 그림을 팔고 기운 내서 더 좋은 그림을 그린다면, 분명 그 그림을 통해 많은 사람이 마음의 위안과 격려를 얻을 수 있을 것입니다. '자신과 인연이 있는 사람을 기쁘게 하라.' 일본 불교의 성인으로 추앙받는 신란新鸞이 그렇게 말씀하셨다고 하는데, 역시 그 말씀이 맞다는 걸 깨달았습니다.

저의 이런 생각은 옐로우햇을 창업한 가기야마 히데사부로 씨를 흉내낸 것입니다. 그는 택시를 타면 거스름돈을 받지 않는다고 합니다. "왜 거스름돈을 받지 않으시는 건가요? 택시 기사님이 고마워서입니까?" 이렇게 질문하자 가기야마 씨는 빙긋 웃으며 고개를 흔들었습니다. "그렇지 않아요." 그리고 자신의 생각을 설명해주었습니다. "손님이 거스름돈을 받지 않고 '거스름돈은 됐어요' 하고 말하면 기사님은 기분이 좋아집니다. 기분이 좋아지면 운전도 안전하게 하고 사고도 줄어들 것입니다. 다음 손님에게도 기분 좋게 응대할 테니 트러블이 줄고, 손님이 기뻐하니 기사님은 점점 더 기분이 좋아지겠지요. 이렇게 택시 운전기사도, 그 택시에 탈 여러 승객도 모두 기분이 좋아지면 사고가 나서 불행해지는 사람도 줄어들 것입니다. 그래서 거스름돈을 받지 않는 겁니다." 이 말을 들은 후 저도 택시를 타면 거스름돈은 받지 않으려고 합니다.

제가 그림을 사는 것도 이와 비슷한 맥락입니다. 누군가를 기쁘게 하면 그 기운이 돌고 돌아서 세상에 큰 도움이 됩니다. 저는 이것도 역시 운을 좋게 하는 방법의 하나라고 생각합니다.

집주변을 청소하면
온 동네가 깨끗해진다

어떤 사람이 아침에 일찍 일어나서 자기 집 주변을 청소하기로 했습니다. 그러자 근처에 사는 이웃도 쓰레기를 치우기 시작했습니다. 얼마 후, 그 마을의 길에서는 쓰레기를 하나도 찾아볼 수 없었습니다. 처음에 쓰레기를 주운 사람도 매일 기분 좋게 생활하게 되었습니다. 이것이 바로 '선善의 순환'입니다.

한 가지 사소한 선행을 하면, 그 선행이 점점 주변으로 퍼져나가서 자신에게도 좋은 일이 되어 돌아온다는 것을 알 수 있습니다. 이와 비슷한 형태로 운이 트이는 경우가 있습니다. 예를 들어 조금 전에 소개했던 가기야마 씨의 택시 거스름돈 이야기나 슈퍼마켓의 유통기한 이야기도 선의 순환에 관한 사례입니다. 가기야마 씨의 좋은 운은 이렇게 덕을 쌓은 행동에서부터 시작되는 선의 순환에 의한 것입니다.

눈앞의 이익만 좇으면 운이 달아나고, 넓게 보고 전체를 생각해 행동하면 운이 좋아지는 것도 선의 순환을 떠올리면 누구나 이해할 수 있습니다. 부디 눈앞의 이익에 눈이 멀어 운을 나쁘게 만들지 않도록 주의했으면 합니다.

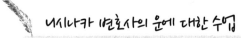

모리 신조의 『수신교수록』

모리 신조는 일본에서 국민 교육의 아버지로 추앙받는 교육철학자이다. 그는 『수신교수록』이라는 저서에서 '최선관最善觀'을 강조하였다. 모든 것을 선한 것으로 받아들이면 긍정적인 인간, 전향적인 인간이 될 수 있다는 의미다.

그가 말하는 전향적 삶은 '소극적으로 생각하거나 실패한 일을 곱씹다보면 점차 후퇴만 할 뿐이다. 어떤 어려움이 있더라도 항상 전향적으로 생각하고 판단하며 실행하라'이다. 단, 실패를 통해 반성하는 기회를 갖는 태도는 중요한데 '한 번 실패하면 두 번 다시 같은 실패를 되풀이하지 않겠다'는 자세를 가져야 한다. 반성은 실패를 되풀이하지 않기 위한 것이기 때문이다.

그는 '여러 가지 좋은 인연을 맺다보면 그것이 좋은 결과로 연결된다'는 의미의 '다봉승인多逢勝因'이라는 말도 강조했는데, 역시 인연의 소중함을 표현한 말이다.

그 외에도 '남보다 1.5배 더 일하고 보수는 보통사람의 20% 정도 적게 받아도 만족한다는 기준을 가져라' 등의 겸손하고 성실한 삶의 자세를 강조하였다. 저자인 니시나카 변호사는 그의 말에서 영감을 얻어 그런 자세가 결국 더 큰 행운을 가져다준다는 확신을 갖게 되었다.

저의 글을 마지막까지 읽어주셔서 감사합니다. 첫 번째 저서
인 『베테랑 변호사의 다투지 않는 삶이 길을 개척한다』 출간
후, 독자들로부터 못 다한 이야기를 다시 책으로 만들어달라
는 많은 요청을 받았습니다. 이 책으로나마 그 요청에 부응했
다고 생각합니다.

교육철학자인 모리 신조 선생은 "인간이 일생 동안 만나야
할 사람은 너무 늦지도 않고 너무 빠르지도 않을 때 꼭 만날
수 있다"라고 말씀하셨습니다. 저는 현재 74세로, 변호사라는
직업을 갖게 된 지도 50년 가까이나 되었습니다. 그동안 여러
가지 어려운 일을 만나기도 했는데 놀랍게도 저도 모르는 사이
에 난데없이 조력자가 나타나서 저를 구해주었습니다. 과거를

되돌아보면, 세상에서 가장 운 좋은 사람은 바로 저라는 생각이 듭니다. 그래서 '운이 좋은 이유는 무엇일까?' 하고 항상 생각해왔습니다.

이 책이 여러분의 삶에 참고가 된다면 저자로서 그만큼 기쁜 일은 없을 것입니다. 독자 여러분 모두 행복한 인생을 보내시기를 염원합니다. 출판을 위해 도움을 주신 많은 분들에게도 감사를 전합니다.

니시나카 쓰토무

〈운을 읽는 변호사〉를 읽으신 수많은 독자님께 받은
전화와 메일, 서평, 추천 등에 대한
감사의 마음을 담아 개정판을 내게 되었습니다.

책을 만들며 다양한 경험을 하게 되지만, 〈운을 읽는 변호사〉
만큼 독특한 경험을 하게 되는 책은 없었습니다.

이 책은 참 특이한 여러 사연을 가진 독자님들이 여러 번 읽
었다고 연락 오시는 책입니다.

작은 공장을 경영하는 사장님이 평균 학력 중졸인 허드렛일
하는 직원들에게 선물하거나, 거의 빈손으로 서울에 올라와 오
래 고생하다가 겨우 자리 잡고 이 십 년 만에 고향의 고등동창
회에 나가는 남성독자분이 보고 싶었던 친구들을 위한 선물로
몇 십 권을 사서 들고 간 책이지요.

어떤 독자 분은 출판사로 전화 오셔서 눈물 젖은 목소리로
이렇게 좋은 책을 읽게 해줘서 감사하다고 하시며 왜 이 책이

얼마나 좋은 책인지를, 이 책의 의미를 거꾸로 저희에게 소개하셨습니다.

이 책을 읽고 이삼 년 뒤에 전화하신다는 독자님도 있었습니다. 사업 실패와 지인들과의 단절로 마음 고생하시다가 이 책을 읽고 처음부터 다시 시작하는 마음으로 살아오며 다시 기반을 닦고 있다는 말씀을 하셨습니다.

많은 셀럽들도 이 책을 추천하셨습니다. 그 중에는 이 책을 읽고 독서모임을 만들고 독서를 체계적으로 시작했다는 유명 배우도 계셨고, 일본에서 더 인기 있는 아이돌 여러 분들은 개인 SNS에 소개해서, 오히려 한국판이 나온 이후에 다시 일본에서 원작이 인기를 끌기도 했습니다.

〈운을 읽는 변호사〉는 광고와 마케팅이 한 몫을 해서 소위 대박을 치는 역대급 베스트셀러는 아닙니다. 독자 분들, 특히 서민들 속에 파고들어 입소문으로 스테디하게 사랑 받아온 책입니다.

"평생 이 책만 가슴에 품고 살면 실패할 일도, 우울할 일도, 외로울 일도 없을 것이다."라는 몇 번의 실패와 상처를 극복해 내신 한 사업가 독자님의 말씀이 가장 기억에 남습니다.

저희가 새 단장을 해서 이 책을 다시 출간하는 이유는, 우리 독자님들이 따뜻한 인생을 살아갈 수 있는 방법을 이 책 한권으로 단단하게 채울 수 있음을 감히 자신하기 때문입니다.

운을 읽는 변호사 | 편집부 드림

독자님들 한 분 한 분 뵙고 인사드리는 마음으로 깊은 감사의 말씀을 올립니다.

알투스 편집부 드림

"너무나 공감하는 삶의 가치들을 콕콕 뽑아내어 쓴 글을 보니,
가슴이 후련하고 웃음이 절로 났다. 정말이지 고마운 책이다."

일본 변호사 경력50년 에 1만 명 이상 사람과 사고, 사건을 경험한 책으로 많은 도움이 되었습니다. 특히 법 보다 도덕적 양심을 지키라는 내용. 꼭 읽어들 보세요. sh*****|2017.10.28|

추천받고 읽었는데 너무 좋았어요. 주변에 추천을 다시 했어요. 도서관에서 빌려봤는데 구매까지 했어요. 어떻게 살아야하는지 알려주고 많은 분들이 읽으셨으면 하는 책이에요. ce*****|2018.05.06|

배려와 격려 칭찬, 운은 결국 노력이 아닐까 생각됩니다. 스스로 운을 창조시키는 삶을 배울 수 있어 좋았습니다 a*****|2017.11.15|

내가 살아가는 삶의 태도와 다른 사람을 대하는 마음가짐에 대해 다시 한번 환기시켜주는 책, 개인주의와 이기심이 팽배한 사회에서 어떻게 살아야 하는가에 대해 교훈을 줄 수 있는 책 bl*****|2017.11.14|

인생의 가치관을 돌아볼 수 있는 책입니다 선택은 각자의 몫이지만 고개가 끄덕이며 공감가는 부분이 많았습니다. hj*****|2018.03.18|

결국 작가가 50년 가까이 되는 변호사 생활에서 얻은 인생의 교훈은, 항상 겸손하고 타인에게 베푸는 삶을 살라는 것이다. 사람의 마음은 사고, 감정, 반응의 3요소로 이루어져있다. 마음의 3요소가 어떻게 작동하느냐에 따라 우리는 행복하기도 하고 불행하기도 하다. 인정하기 싫더라도 인생의 행복은 오로지 마음가짐에 달려있기 때문이다. 이 책을 잘 뜯어보면 그 3요소 측면에서 다 접근한다. 겸손한 생각으로, 항상 타인에게 감사하는 감정을 느끼며 누구에게나 친절하고 넉넉한 반응을 보이도록 사는 것이야말로 세상을 보는 관점의 변화를 보인다고 작가는 말한다. 그러한 삶의 태도로부터 다가오는 외부로부터의 긍정적 변화를 작가는 '운'이라고 부른다. 사실 일상용어로 따지면 '인연'에 더 가깝다. 좋은 마음가짐과 언행은 좋은 인연을, 반대는 나쁜 인연과 결과를 불러일으키는 것처럼. 이 책을 처음 알았을 때는 얼마 안 읽고 정신승리 강요 책이라고 집어던졌는데, 여러 일을 겪다보니 이 책이 먼저 생각나서 사서 정독했고 그제서야 진정으로 말하고 싶은 바가 무엇인지 깨달았다. 간단하지만 실천하기 어려운 교훈, 오늘부터 시작해보자. al*****|2018.02.06|

우리의 삶에서 너무나 평범한 내용이라 생각 하지만 그 속에는 삶의 평범함의 깊은 철학이 숨어 있다. 마음으로 책을 읽으면 진한 감동을 느낄 수 있다. ra*****|2018.01.17|

그저 그런 책이 아니다. 인생필독의 지혜가 담겨있음. tr*****|2017.11.13|

평생을 두고 실천할 만한 지혜들로 가득 차 있습니다. wi*****|2017.11.13|

도덕과학에 대해 알게 되었다. 운이 좋은 사람은 이유가 있는 거구나. mu*****|2017.11.07|

운을 움직인다는 것은 사람의 마음을 움직이는 것입니다. 우리는 세상을 혼자 살지 않습니다. 많은 사람들과 더불어 살아갑니다. 즉 내가 어려움을 헤치고 무탈하게 살아갈 수 있는 것은 주위 사람들 덕분이라고 해도 과언이 아닐 것입니다. 이 책은 사람의 마음을 움직이는 법을 설명하고 있습니다. 사람들과 더불어 살기 위한 자세를 갖춘다면, 우리는 어떠한 어려움이 닥치더라도 뜻밖의 기회를 마주할 수 있을 것입니다. 운은 나의 마음씀씀이에 따라 얼마든지 변화할 수 있음을 쉽게 알려주는 책이었습니다. 라***병 | 2022-12-30

운을 읽는 변호사 |독자 후기

인생에 있어서 운이란 것은 중요하지 않을 수 없다. 어떤 사람은 운이 좋아 편안하고 행복한 인생을 살아가고, 어떤 사람은 인생을 늘 다툼 속에서 힘겹게 살아간다. 왜 그렇게 다를 수 밖에 없을까?

니시나카 쓰토무는 50년 간의 변호사 생활을 통해 1만여명의 속 깊은 인생을 들여다보다가 어떤 공통점을 발견해 냈다고 한다. 운은 결국 스스로 만들어낸다는 것. 좋은 행동은 좋은 운을 불러일으키고, 나쁜 행동은 나쁜 운을 일으킨다. 단순하고 간단해보이지만 이것이 진리인가보다. 탐욕적이고 비열한 방법으로 성공에 이른 사람은 결국 어떤 대가를 치르거나, 본인의 이득은 생각지 않고 선행을 베푼 사람은 훗날 안 좋은 일을 피해가거나 기쁜 일을 맞이하는 등 좋은 운을 만난다고 한다. 그저 지레짐작이 아닌 마치 임상시험처럼 분석한 결과로써 말이다.

요즘 같은 세상에 많은 사람들이 이런 책을 읽고 세상을 바라보는 시각이 좀 더 따듯해졌으면 한다. 읽으면서 내내 '나도 좋은 사람이 되어야겠다, 이기적으로 살지 말아야겠다.' 이런 생각이 들었다. 책을 읽은 것으로 끝내지 않고 실천할 수 있는 내가 되어야겠다. heeygirl | 2018-10-19

운이란 무엇인가. 운이란 눈에 보이지 않고, 통제할 수도 없지만 인생에 큰 영향을 미치는 어떤 것이라고 본다. 엄청 막연하지만 생각보다 자주 쓰이는 말이기도 하다. 미국에선 마치 인사말처럼 Good luck 이란 말을 쓸 정도고, 좋은 일이 생기면 자신이 잘나서 그런 것이 아니라 그저 운이 좋았다는 겸손한 표현을 할 때도 단골손님처럼 등장한다.

저자는 시종일관 운에 대해서 말하고 있다. 운이 작용했다고 보이는 풍부한 사례들을 직접 접할 수 있고, 운이 어떤 식으로 사람의 인생에 큰 영향을 미치는지에 대한 감을 잡을 수 있다. 가장 크게 다뤄지는 주제는 법률의 위반이나 금전적인 채무관계보다는 도덕적인 부분이라고 할 수 있다. 정말 간과하기 쉬운 부분이고, 누가 지적해주지 않으면 스스로 깨닫기 어려운 부분이기도 하지만 운에 가장 큰 영향을 주는 부분이다. 겸손한 마음가짐을 강조하는데 그것이 운을 불러들이는 강력한 원동력이라고 한다. 반대로 오만은 정반대의 효과를 내서 불운해지기 쉽다고 한다. 전적으로 동의하는 바이다. 정말 군더더기가 없이 좋았다. 안녕헤이즐 | 2018-07-23

요새 읽은 자기계발서 중 가장 흥미로웠던 책들 중 하나였다. '운을 읽는 변호사!' 제목에 끌려서 구입하게 되었는데 내용도 알찼고 재미가 있었다.

저자가 오랫동안 변호사로 일하면서 얻은 운에 대한 지혜들을 하나씩 풀어나가고 있는데 전체적으로 내가 느끼기엔 꼭 운을 떠나서 나이 드신 분이 세상의 연륜을 쌓으시고 그것을 하나씩 쉽게 풀어쓰신 글이라고나 할까

거기에서 가장 맘에 남는 것이 훌륭한 인품을 쌓으면 주변에 그런 사람들만 모이게 되어서 운이 좋아진다는 글이었다. 그것을 읽고 그렇구나 하고 무릎을 치게 되었다. 덕을 쌓고 존경할 만한 인품을 갖춰 나가는 것이 얼마나 중요한 것인지 운과 많은 관련이 있구나 하고 느끼게 되었다 또 하나는 자신의 지인들 중 좋은 일을 실천해 나가는 분들 중에 한분이 마트에서 물품을 고를 때 유통기한이 긴 것보다 덜 긴 것을 고른다는 것이었다. 보통 사람들은 나또한, 유통기한이 많이 남은 것을 골라가는데 그 사람은 마트에도 손실이 가지 않게끔 덜 남은 것을 고른다는 것이었다. 이 부분을 읽고 따라할 수 있을까 하고 고개를 갸우뚱 하긴 했지만 이해할 수 있는 글이었다. 나또한 그런 사소한, 아니 어찌 보면 큰 그런 부분들까지 배려하는 그런 사람이 되야 겠다는 생각을 했다. 무척 재미있게 잘 읽었다. 푸르다00 | 2018-05-21

75세 변호사가 50년간 변호사 생활에서 느낀 생의 원칙을 적은 책. 정말 근본적으로 공감하는 내용들이 많아서 가끔 한 번씩 들추어보고 싶다는 생각이 든다. 특히나 착하게 살면서 손해본다는 느낌이 들 때 굉장히 위로를 받을 수 있는 책이다. 알고 있었던, 그러나 막연히 생각만 했던, 지금 젊은 내 나이엔 뭐라 힘주어 말하기엔 이른, 너무나 공감하는 삶의 가치들을 콕콕 뽑아내어 쓴 글을 보니, 가슴이 후련하고 웃음이 절로 났다. 정말이지

고마운 책이다. sintia21 | 2018-01-11

〈도덕과학〉이라는 학문분야가 독자적으로 존재하는 것 같습니다. 이 도덕과학에서 인간은 〈살아 있는 한 도덕적 과실을 저지르는 존재〉라고 하네요. 매일 먹는 음식도 고기나 생선, 채소의 생명을 빼앗고 있는 것이며, 매일 이용하는 철도나 도로도 건설 노동자들의 희생의 산물이라고 설명하고 있습니다. 이처럼 우리 모두는 누군가의 희생으로 편안한 일상생활을 영위하고 있으므로 항상 이에 대해 감사한 마음을 가져야 한다고 합니다. 도덕과학에서는 이것을 〈도덕적 부채〉라고 부르는데 이러한 부채에 대한 인식이 없거나 감사한 마음을 가지지 않는다면 운이 달아난다고 서술한 부분이 저의 눈길을 사로잡더군요. 신선한 충격이었습니다.

제가 한 줄 평에 쓴 〈積善之家 必有餘慶〉이라는 말이 이 책을 관통하는 핵심가치가 아닐까 생각해봅니다. 셀 수 없이 많은 갈등과 분쟁 등에 직업상 관여할 수밖에 없었던 한 변호사가 다양한 인간 군상들을 오랫동안 지켜보며 느낀 바를 여러 구체적인 사례를 통하여 서술한 점이 다른 책과는 구별되는 이 책만의 특징인 것 같고요, 이 책에서 니시나카 쓰토무 변호사님이 제안하신 마음가짐과 태도를 일상생활이나 대인관계에 적용한다면 望外의 所得도 거둘 수 있으리라 믿습니다. K**********n | 2017-12-10

사업을 처음 시작하거나 이제 막 사회 초년생들이 읽으면 좋을 내용. 꼭 알고 살아야 할 책이다. v*******v

간결하면서 저자의 지혜와 겸손한 내공이 느껴지는 책. aegiddong

우리가 왜 인생에 있어 남에게 따뜻한 마음을 가져야하는지 분명히 보여줍니다. 꼭 읽으세요. 임*양

정말 오랜만에 추천해주고 싶네요, 한해 마무리하며 꼭 읽어볼 만한 좋은 책입니다. b5choi

운도 결국은 사람이 의해 결정된다는 걸 깨달았습니다. shark20

내 인생을 되돌아보게 한 책이다. 올해 최고의 책 이노이노

1만 명 의뢰인의 삶을 분석한 결과

운을 읽는 변호사

개정판 1쇄 발행 2023년 8월 7일
개정판 4쇄 발행 2025년 1월 2일

지은이 니시나카 쓰토무 옮긴이 최서희

펴낸이 손은주 편집 이선화 김지수 마케팅 권순민
디자인 Erin 일러스트 장회영 교정·교열 이숙 신희정

주소 서울시 마포구 희우정로 82 1F
전화 02-394-1027
팩스 02-394-1023
이메일 bookaltus@hanmail.net

발행처 (주) 도서출판 알투스
출판신고 2011년 10월 19일 제25100-2011-300호

ⓒ 니시나카 쓰토무 2023
ISBN 979-11-86116-44-9 03320